Brasilianisch kochen

Die Autorin

Moema Parente Augel, geboren 1939 in Ilhéus/ Brasilien; Studium der Romanistik und Sozialwissenschaften; Lektorin für Portugiesisch in Köln und Bonn; lebt als Dozentin in Bielefeld.

Veröffentlichung zahlreicher Bücher und Artikel über ausländische Reisende in Brasilien, über afrobrasilianische Literatur und über Literatur in Guinea Bissau. Herausgabe der Anthologien *Schwarze Poesie. Afrobrasilianische Dichtung der Gegenwart* und *Schwarze Prosa. Afrobrasilianische Erzählungen der Gegenwart.*

Moema Parente Augel

◆

Brasilianisch kochen
Gerichte und ihre Geschichte

Unter Mitarbeit von
Christa Frosch-Asshauer

◆

Verlag Die Werkstatt · Edition d i á

CIP-Titelaufnahme der Deutschen Bibliothek

Augel, Moema Parente:
Brasilianisch kochen : Gerichte und ihre Geschichte /
Moema Parente Augel. Unter Mitarb. von Christa
Frosch-Asshauer. - Ausg. vollst. überarb. - Göttingen :
Verl. Die Werkstatt, 1998
    ISBN 3-89533-213-5

1   2   3   2001   2000   1999   1998

© 1998 Edition diá, Berlin
Dieses Buch erscheint in der Reihe »Gerichte und ihre
Geschichte« im Verlag Die Werkstatt, Göttingen.
Alle Rechte vorbehalten
Lektorat: Helmut Lotz, Berlin
Umschlag unter Verwendung einer Fotografie von
Edgar Ricardo von Buettner
Fotografien: Edgar Ricardo von Buettner, São Paulo
Gesamtherstellung: Verlag Die Werkstatt,
Lotzestraße 24a, 37083 Göttingen
Druck und Bindung: Westermann Druck, Zwickau

ISBN 3-89533-213-5

Inhalt

Die brasilianische Küche
Schmelztiegel der Kulturen 7
Die Küche des Nordens 10
Die Küche des Zentralen Westens 17
Die Küche des Südens 19
Die Küche des Südostens 24
Die Küche in Bahia 28
Die Küche des Nordostens 33
Typische Zutaten 41

Rezepte
Typische Gerichte · *Pratos Completos* 55
Suppen · *Sopas* 69
Fleisch · *Carnes* 75
Geflügel · *Aves* 87
Fisch · *Peixes* 93
Krabben · *Camarões* 101
Saucen · *Molhos* 107
Gemüse · *Legumes* 111
Salate · *Saladas* 121
Farinha und *Farofa* 129
Reis · *Arroz* 133
Süßspeisen · *Doces* 139
Breie · *Mingaus* 153
Sorbets · *Sorvetes* 157
Halbgefrorenes · *Pavês* 161
Docinhos 167
Kuchen und Torten · *Bolos e Tortas* 173
Salzgebäck · *Salgadinhos* 181
Getränke · *Bebidas* 189

Rezeptregister 197
Stichwortregister 207
Glossar 211

Die brasilianische Küche

Brasilien ist ein halber Kontinent und fast vier-
undzwanzigmal so groß wie die Bundesrepublik
Deutschland. Die Entfernung von Norden nach
Süden wie von Osten nach Westen entspricht der
von Lissabon nach Moskau. So verschiedenartig
wie die Landschaft ist auch die brasilianische Bevölkerung, eine Mischung aus zahlreichen Ethnien und Kulturen. Besonders drei Elemente sind
prägend: das indianische der Ureinwohner des
Landes, der mit den portugiesischen Eroberern
und Kolonisatoren eingedrungene iberisch-me-
diterrane Einfluß und die afrikanische Kultur der
millionenfach als Sklaven nach Brasilien Ver-
schleppten. Aber auch Deutsche, Italiener, Spanier, Japaner, Syrer, Libanesen, Einwanderer aus allen Teilen der Welt haben Brasilien zu einem
Schmelztiegel der Kulturen gemacht.

Was also ist brasilianische Küche? Der *Gaúcho*
aus den Pampas von Rio Grande do Sul wird die
Frage anders beantworten als der *Caboclo* des
Amazonasgebietes, die Schwarze in Bahia anders
als der Nachfahre deutscher Einwanderer im Süden. So unterschiedlich wie die Herkunft der Bewohner sind auch die Eßgewohnheiten, die zwangs-
läufig auch den starken Gegensatz zwischen Arm
und Reich im Lande widerspiegeln.

Und doch läßt sich sehr schnell feststellen, was
typisch brasilianische Küche bedeutet, denn bei
aller Vielfalt der Einflüsse haben sich Schwer-
punkte herausgebildet. Spontan werden die meisten Brasilianer an die afrikanische Küche aus Salvador da Bahia mit ihren *Vatapá*, *Caruru* und
Quindins denken. Die erste Stadt Brasiliens, 1549
von den Portugiesen gegründet, war bis 1763
Hauptstadt der Kolonie und Hochburg des afrikanischen Einflusses im Lande. Aus Angola, Guinea, Nigeria, dem gesamten Westafrika, aber auch
aus vielen anderen Teilen des schwarzen Konti-

Schmelztiegel der Kulturen

nents wurden die Sklaven verschleppt, die den Reichtum der Zuckerbarone erarbeiteten und bald die einheimische Küche mit ihren Kochkünsten dominierten.

Die endlosen Weiten der Viehweiden des Südens und des Westens bestimmten das Leben auf eine ganz andere Weise. Typisch brasilianisch und im ganzen Lande hochgeschätzt ist der *Churrasco*, ein Spießbraten mit kräftigen Gewürzen und einfachen Beilagen. Auch die indianischen Einflüsse, etwa die vielen Gerichte auf der Grundlage von Maniok oder Mais, sind ebenfalls charakteristisch und im ganzen Land bekannt und beliebt.

In der Tat wurde im Laufe von fast fünf Jahrhunderten Landesgeschichte aus den vielfältigen Ethnien und Kulturen eine einzige »brasilianische« Kultur und aus den zahlreichen und überaus verschiedenartigen kulinarischen Einflüssen eine einzige »brasilianische« Küche, wie sie abwechslungsreicher und interessanter nicht sein könnte.

Lebensbewältigung und Lebensfreude

Kochen und Essen sind Bestandteile einer Lebenswelt. Einzelne Aspekte aus ihrer natürlichen Umgebung herauszulösen ist immer problematisch. Eine *Feijoada* wird erst dann ein Erfolg, wenn sie Teil eines Familienfestes ist, das mit Großeltern, Onkeln und Tanten, mit Kindern, Enkeln und Freunden begangen wird. Die *Feijoada* ist für die Brasilianer so heilig wie die Nationalhymne. Sie ist im ganzen Land bekannt, wird aber in jeder Region anders zubereitet. Ein *Quindim de Iaiá* ist das Ergebnis der jahrhundertealten Tradition ausgiebigen Zuckergebrauchs in Nordostbrasilien, dem historischen Zuckerrohranbaugebiet. Viele Maniokgerichte sind Bestandteil einer Kultur materieller Armut, in der Menschen bis heute versuchen, in ihrem Essen mehr zu sehen als nur die Befriedigung der Notwendigkeit, sich zu ernähren. Kochen und Essen sind Ausdruck sehr unterschiedlicher Formen von Lebensbewältigung und Lebensfreude.

Die Geschichte des Speiseeises in Brasilien ist ein anderes Beispiel. Das erste *Sorvete* wurde 1834 in die damalige kaiserliche Hauptstadt Rio de Janeiro importiert. Ein Bürger namens Lorenzo Fallas hatte rund 200 Tonnen bestellt und begann am selben Tag, Speiseeis aus regionalen Fruchtsorten herzustellen. Er annoncierte in der Zeitung, daß die von ihm entwickelte Substanz die »exzessive Hitze des Sommers mildern« könne und sich die »Herren Professoren Physiologen« (gemeint sind die Ärzte) ihrer als Medikament bedienen könnten »für soviele Krankheiten, wobei sie ein wahres Wunder wirkt«.

Das Wort stammt vom französischen *Sorbet*, das wiederum dem italienischen *Sorbetto* entlehnt wurde. Beide haben Gemeinsamkeit mit dem türkischen *Šerbet* und dem arabischen *Sarab*, was »Getränk« bedeutet; auch das Wort »Sirup« geht auf diesen Ursprung zurück. Im Portugiesischen und in anderen romanischen Sprachen kennt man das Verb *sorver*, das vom lateinischen *sorbere* (schlürfen, saugen) abgeleitet wird. Unter der portugiesischen Bezeichnung *Gelado* (gekühlt) wurde das Eis zunächst auch in Brasilien angeboten.

Die neuen Eisspeisen gewannen schnell an Popularität, und der Chronist Dunlop erinnert daran, daß bereits neun Jahre später die erste »Eisdiele« in Rio de Janeiro eröffnet wurde. Der Kaiser erschien persönlich, um mit der Kaiserin die »Obstsorbets« zu kosten. Zur Mode geworden, brachte das Eisessen einen unerwarteten Fortschritt in die Sitten des Hofes: Die Frauen wurden aus der Eingeschlossenheit des Hauses »befreit« und durften, sogar ohne Männerbegleitung, nachmittags Konditoreien und Eisdielen aufsuchen, um die ungewöhnlichen Köstlichkeiten zu genießen.

Der Soziologe und Kulturhistoriker Gilberto Freyre hat Brasilien in sechs kulinarische Regionen eingeteilt, die sich sowohl nach historischen Gegebenheiten als auch klimatischen Voraussetzungen unterscheiden. Viele Gerichte sind außerhalb ihres »natürlichen« Kontextes nicht wiederholbar. Luiz da Câmara Cascudo geht soweit zu behaupten, daß eine *Feijoada completa* so ortsgebunden ist wie die Bucht von Guanabara und zu einer echten *Moqueca de Peixe* der Strand und die Palmen von Bahia gehören. All das kann dieses Buch nicht bieten, wohl aber eine Einführung in brasilianisches Kochen, in der die Gerichte und ihre Geschichte als Teil eines kulturhistorischen Kontextes verständlich werden.

Die Küche des Nordens

Brasilien ist mit seinen mehr als 8,5 Millionen Quadratkilometern Fläche das fünftgrößte Land der Erde, hinter Rußland, China, Kanada und den Vereinigten Staaten. Das Tiefland des Amazonasgebietes umfaßt 42 Prozent der Fläche Brasiliens, seine Bevölkerung entspricht jedoch nur vier Prozent der Gesamtbevölkerung des Landes. Es ist in sieben Verwaltungseinheiten aufgeteilt: die Bundesstaaten Acre, Amapá, Amazonas, Pará, Rondônia, Roraima und Tocantins.

Trotz seiner enormen Ausdehnung weist das Amazonasgebiet in seiner Natur, seinen Menschen und seiner Wirtschaft eine erstaunliche Einheitlichkeit auf. Unterhalb des Äquators gelegen, ist es fast ausschließlich von tropischem Regenwald bedeckt. Etwa zwei Drittel der Bevölkerung sind Mischlinge von Weißen und Indianern, ein Drittel sind Einwanderer aus den trockenen Gebieten des Nordostens, deren Vorfahren vor allem während der goldenen Zeit des Kautschukbooms hierherkamen oder aber bis heute infolge der im Nordosten immer wieder auftretenden großen katastrophalen Dürreperioden.

Auch die in Brasilien noch lebende indianische Urbevölkerung – mehr als 150 Stämme mit über hundert verschiedenen Sprachen – konzentriert sich im Amazonasgebiet, in der nördlichen wie der zentral-westlichen Region. Jedes dieser Völker hat seine eigenen Sitten und Gewohnheiten, und auch das Verhältnis zur übrigen nationalen Gesellschaft, die sich seit der »Entdeckung« des Landes durch die Portugiesen im Jahre 1500 in Brasilien etablierte, ist von Stamm zu Stamm sehr unterschiedlich. Historiker schätzen, daß in Brasilien zur Zeit der »Entdeckung« zwei bis fünf Millionen Einwohner lebten – eine Zahl, die sich in den folgenden Jahrhunderten unter dem Druck der Kolonisation drastisch reduzierte. Der Soziologe Darcy Ribeiro gibt für das Jahr 1900 die Zahl der indianischen Stämme mit 240 an. Nach Angaben des Indianischen Missionsrates CIMI leben in Brasilien etwa 250.000 Indianer in 170 Völkern, die nicht mehr in Stammeseinheiten lebenden Personen mitgezählt. Etwa die Hälfte von ihnen ist im Amazonasgebiet zu finden.

War in anderen Landesteilen die Kochkunst vielfältigen Einflüssen ausgesetzt, so ist die amazonische Küche fast ausschließlich indianischen Ursprungs. Die Kolonisatoren veränderten und paßten die vorgefundene Eßkultur zwar ihren Bedürfnissen an, im wesentlichen aber blieb sie die gleiche – auf der Grundlage regionaler, unverwechselbarer Zutaten, die kaum auf das übrige Land übertragen werden konnten. Die amazonische Küche ist auch heute entscheidend geprägt von Jagd, Fischfang und den Produkten der überreichen Vegetation. Diese natürlichen Bedingungen, insbesondere die leichte Verderblichkeit der meisten Zutaten, haben bis heute ihre Verbreitung in anderen Landesteilen verhindert.

Wer die Gelegenheit zu einer Reise ins Amazonasgebiet hat, sollte den Hafenmarkt Ver-o-Peso von Belém do Pará besuchen, an dessen Ständen die typisch regionalen Produkte angeboten werden und man Kostproben der Küche kennenlernen kann, die nur hier und sonst nirgendwo zu erstehen sind: *Açai*, ein erfrischendes Getränk auf der Basis kleiner Nüsse der gleichnamigen Palme; *Tacacá*, eine »explosive« Brühe aus Pfefferschoten und Krabben; Jambu, ein scharfes, säuerlich schmeckendes Kraut; *Tucupi*, eine auf der Grundlage der Maniokwurzel hergestellte Brühe. Der Besucher kann die berühmte Tucupi-Ente kennenlernen und in ihren Schalen zubereitete Krebse, in der Pfanne oder am Spieß gebrate-

Der indianische Ursprung

ne junge Tauben *(Borrachos)*, die mannigfaltigen Flußfische, unter ihnen der Tucunaré, der Surubim, der Poraquê, der Piranha, der Pirarucu und die Seekuh, die kein Fisch, sondern ein Säugetier ist und in Brasilien *Peixe-boi*, Fisch-Ochse, genannt wird.

Tropische Früchte

Auch tropische Früchte sind in Brasilien in großer Vielfalt zu finden. Sie galten zunächst nicht als Nahrungsmittel, sondern als Leckereien oder sollten die Verdauung anregen. Indianer und Afrikaner pflanzten keine Obstbäume, erst die Portugiesen begannen mit ihrer Kultivierung. Da wildwachsende Früchte säuerlicher und bitterer im Geschmack sind, soll durch die Züchtung der Zuckergehalt erhöht und der Anteil des Fruchtfleisches vergrößert werden. Aufgrund der künstlichen Reifungsmethoden und des wachsenden Einsatzes von Chemikalien büßen die Früchte jedoch meist ihren ursprünglichen Geschmack ein. Zudem geht die Vielfalt der Arten verloren, da nur sehr wenige ertragreiche und exportfähige Sorten kultiviert werden.

Den ersten Reisenden offenbarten die tropischen Früchte Brasiliens auf eine greifbare Art die aufregende, faszinierende und üppige Pflanzenwelt. Die Reisebeschreibungen des 18. und 19. Jahrhunderts räumen der detaillierten Schilderung der Artenvielfalt mit ihren exotischen Formen und neuartigen Geschmacksrichtungen einen wichtigen Platz ein. Die Portugiesen mit ihrer Freude am Experimentieren verpflanzten verschiedene Fruchtsorten von einer Kolonie in eine andere. Mango, Banane und Zuckerrohr beispielsweise, die heute in Brasilien verbreitet sind, waren ursprünglich nicht in der Neuen Welt beheimatet.

Viele Pflanzen und Früchte des Nordens sind im übrigen Lande nicht bekannt: etwa der Mucuri, der Açai oder der Babaçu. Im Nordosten wachsen Umbus, Cajás, Graviolas und Mangabas, die zu ausgezeichneten Erfrischungsgetränken und Eis verarbeitet werden.

Als noch die Indianer aus dem Landesinneren ihre beladenen Boote mit für den Markt von Belém bestimmten Erzeugnissen hier anbanden, spielte der Hafen Ver-o-Peso (das Gewicht sehen) eine wichtige Rolle. Die Bezeichnung stammt aus dem 17. Jahrhundert, als die in die Provinzhauptstadt gebrachten Güter hier auf einer großen Zollwaage gewogen und Abgaben entrichtet werden mußten. Die Einnahmen flossen in der Kolonialzeit an die königliche Krone, später an die Stadtverwaltung von Belém.

Im Bereich der Kochkunst war zweifellos die Maniokwurzel das wichtigste Erbe der Indianer. Die knollenartige Wurzel ist unlöslich mit der Geschichte und Kultur des Amazonasgebietes verbunden, wo sie auch heute noch eine große wirtschaftliche Bedeutung hat. Die zahllosen Maniokarten unterscheiden sich voneinander durch die Form ihrer Blätter bzw. der Knolle und ergeben ein helles oder dunkles, feines oder grobes Mehl. Die Konsistenz des Maniokmehls hängt auch von der regional unterschiedlichen Art seiner Herstellung ab, die drei Hauptformen des Grundnahrungsmittels liefert: das Wasser-Mehl *(Farinha Dágua)* aus vergorener Maniokmasse, auch als *Farinha Puba* oder *Farinha de Carimã* bekannt; *Tapioka,* das gekörnte Stärkemehl der Maniokwurzelknollen; und schließlich *Farinha seca,* das »trockene Mehl«, das aus der geriebenen oder gemahlenen Maniokknolle gewonnen und im »Mehlhaus« *(Casa de Farinha)* auf einer großen heißen Platte getrocknet wird. *Farinha seca* ist in ganz Brasilien als Grundnahrungsmittel weitverbreitet und wird als »Tischmehl« *(Farinha de Mesa),* »Kriegsmehl« *(Farinha de Guerra)* oder »Stockmehl« *(Farinha de Pau)* bezeichnet. Es ähnelt Paniermehl, durch das es auch ersetzt werden kann. Geröstet und in Butter gebraten, verwandelt sich *Farinha* in *Farofa,* die vorzüglich zu Fleisch oder Geflügel schmeckt.

Bei festlichen Gelegenheiten ist Maniokmehl eine schmackhafte Beilage, auf dem Tisch der Armen aber oft einzige Nahrung. Seine Herstellung

Maniok

geschieht bis heute auf traditionelle Weise. Im Amazonasgebiet wird die Wurzel einige Tage lang in Behältern eingeweicht und vergoren, danach in Tröge umgefüllt und gestampft. Eine einfache Handpresse dient zum Ausdrücken der dicken und sehr giftigen Flüssigkeit *(Manipuera)*, der erst in einem weiteren Verarbeitungsschritt das Gift entzogen werden muß. Nach einigen Stunden setzt sich am Boden eine weiße Masse ab, die Tapioka. Nach Abgießen der abgestandenen Flüssigkeit erhält man *Tucupi*, ein im Amazonasgebiet berühmtes Nahrungsmittel, das als Grundlage für viele Saucen dient.

Tapioka, das gekörnte Stärkemehl der Wurzelknollen, wird auf zwei Arten zubereitet und ergibt unter anderem ein sehr feines und weißes Mehl, *Polvilho* genannt, das auch zum Wäschestärken verwendet wird. Die geriebene, noch feuchte Maniokmasse wird auf von unten beheizten großen Platten unter ständigem Rühren getrocknet und geröstet, bis sie die uns bekannte Form annimmt. Das gebräuchliche Maniokmehl wird aus der *Mandioca brava*, dem »wilden Maniok«, gewonnen; daneben gibt es eine andere, »zahme« Art, deren Flüssigkeit nicht giftig ist und die als *Aipim*, in einigen Gebieten des Nordostens auch als *Macaxeira* bekannt ist. Die geschälte Knolle dient gekocht, gebraten oder geröstet als Brotersatz bei Frühstück oder Nachmittagskaffee, aber auch als Gemüsebeilage zu Suppen und anderen Gerichten sowie als Grundstoff für Kuchen und einige Nachspeisen. Das vorliegende Buch beschränkt sich auf einige »machbare« Rezepte und erläutert die verschiedenen Zubereitungsmöglichkeiten von schmackhaften Gerichten auf der Grundlage von Maniokmehl, die je nach Zutaten und Art der Zubereitung andere Namen tragen: *Farofa, Farofa mista, Pirão, Paçoca* oder *Virado*.

Die Legende von Mani

Es wundert nicht, daß die Maniokwurzel, Grundnahrungsmittel und oft einzige Überlebensgrundlage der Indianer, Gegenstand vieler Legenden wurde:

In einem der Stämme des großen Volks der Tupinambá wurde ein Mädchen geboren, das sehr weiß und schön war und von seinen Eltern Mani genannt wurde. Nie hatte es in dem Stamm ein Kind gegeben, das bezaubernder, fröhlicher, tugendhafter und folgsamer war. Es sang und lachte und war eine Freude. Alle liebten und besuchten es, als sei es eine Botschafterin von Tupã, dem Allmächtigen. Doch wie die Blumen, die früh ihre Blütenkelche öffnen, sich auch früh schließen, so starb auch Mani, als sie noch sehr klein war.

Unter großer Trauer und Ehrerbietung des ganzen Stammes wurde sie in der Mitte des Dorfes auf einem großen Feld begraben, das die Sonne bescheinen würde, um die Fröhlichkeit des toten Mädchens zu wecken, und auf dem Mondlicht die Blume bedeckte, deren Schwester es war. Alle Stammesangehörigen vergossen bei der Beerdigung Manis viele Tränen auf den Boden oder befeuchteten die Erde mit Eimern voll Wasser – Mani sollte sich nicht zu sehr von der Sonne verglüht fühlen.

Einige Zeit danach entsproß an dieser Stelle eine kleine, grüne Pflanze mit einem violetten Stengel, die die Tupinambá *Manioca* nannten, »Haus der Mani«. Das Pflänzchen wuchs vor den staunenden Augen des ganzen Stammes, bis sich an einem sonnigen Tag die Erde öffnete und eine Art Kartoffel in der Form eines Kinderkörpers zum Vorschein brachte. Alle verstanden, daß dies ein Geschenk Manis war. Sie wuschen die Frucht im Wasser des Flusses, zerrieben und aßen sie. Binnen kurzer Zeit liebten alle Indianervölker die Frucht, die ein Geschenk Manis war, weiß wie der Mond und anmutig wie das Lächeln des Frühlings.

Eine andere indianische Geschichte spricht ebenfalls von der übernatürlichen Entstehung des Maniok: Zumé, auch Sumé, Zomé, Tumé oder Vater Tuna genannt, ein weißer, weiser und sehr mächtiger Mann, erschien, über dem Wasser gehend, um den Indianern Pflanzen zu reichen – unter ihnen die Maniokstaude, die aus seinem

Stock entstand, den er zerbrach und in die Erde einpflanzte. Danach verschwand Zumé, versprach jedoch wiederzukommen. Ähnlich wie die Azteken die spanischen Eroberer als die in ihren Legenden verheißenen weißen Götter betrachteten, erkannten die Indianer in den Portugiesen die Botschafter dieses mysteriösen Mannes.

Die Kolonisatoren brachten die in Südamerika beheimatete Maniokpflanze – ebenso wie die Erdnuß und den Mais – auch nach Afrika, wo sie sich ausbreitete und zum Grundnahrungsmittel wurde. Auch in anderen Regionen, in denen sich die Portugiesen niederließen, in Java und an der indischen Küste, gehört Maniok heute zur täglichen Nahrung.

Mais

Eine wichtige Rolle bei der Ernährung der indianischen Bevölkerung Brasiliens spielte auch der Mais *(Zea mays).* Er war jedoch kein Hauptnahrungsmittel, sondern stellte eher eine Ergänzung dar oder diente als Grundstoff zur Herstellung von *Cauim,* einem gegorenen Getränk mit hohem Alkoholanteil, das von den Indianern in großen Mengen getrunken wurde. Zur Zeit der »Entdeckung« des Landes aßen die Indianer Mais entweder gebraten oder in der Pfanne geröstet – dem heutigen Popcorn ähnlich. Erst die Portugiesen, unterstützt durch afrikanische Sklaven, verwendeten Maismehl für Kuchen und Puddings. Bereits hundert Jahre nach Beginn der Kolonisation war der Mais so stark verbreitet, daß er zu den drei wichtigsten Nahrungsmitteln der neuen Kolonie zählte. Von Amerika gelangte er, ebenso wie der Pfeffer und die Kartoffel, nach Afrika und in den Rest der Welt. Er gehörte zu den drei Produkten der Neuen Welt, die Kolumbus dem König von Spanien präsentierte, als er ihm im April 1493 nach der Rückkehr von seiner ersten Reise Bericht über seine Entdeckungen erstattete.

Mit Mais bereitet man in Brasilien die verschiedensten Gerichte zu, gesalzene wie süße. Man ißt die frischen oder getrockneten Kolben, verwendet das Mehl in unterschiedlicher Stärke –

als Grieß oder fein gemahlen – in Süßspeisen, Eis, Puddings, Kuchen und Brot, bereitet ihn frisch wie Erbsen als Gemüse zu oder benutzt ihn für Soufflés.

Die regionalen Verschiedenheiten der brasilianischen Küche sind so stark, daß die Bewohner eines Landstrichs oft nicht wissen, was in anderen Gegenden gegessen wird. Viele Früchte, Gemüsesorten und Zutaten des Nordens sind im Süden oft nicht einmal dem Namen nach bekannt. Der Zentrale Westen Brasiliens ist bis heute dünnbesiedelt und relativ isoliert von den großen wirtschaftlichen und kulturellen Zentren der Atlantikküste; er hat viele seiner Eigentümlichkeiten und manche Besonderheiten seiner Küche bewahrt.

Nach der offiziellen Einteilung der brasilianischen Regionen umfaßt der Zentrale Westen 1.879.455 Quadratkilometer, also ein Fünftel der Gesamtfläche des Landes, auf der jedoch nur 6,3 Prozent der Bevölkerung leben, nicht mehr als vier Einwohner pro Quadratkilometer.

Ursprünglich gehörte das Gebiet nicht zur portugiesischen, sondern zur spanischen Krone. *Bandeirantes* genannte Pioniere aus São Paulo erkundeten, eroberten und erschlossen das Land in vielen Expeditionen. Sie versklavten und vernichteten dabei weitgehend die ursprünglich indianische Bevölkerung. Der portugiesisch-brasilianische Anspruch auf dieses enorme Gebiet wurde in den Verträgen von 1750 und 1777 anerkannt.

Der Zentrale Westen umfaßt die Bundesstaaten von Goiás, in dem der Bundesdistrikt und die Bundeshauptstadt Brasília liegen, Mato Grosso und Mato Grosso do Sul. Die Region verfügt über große Vorkommen an Eisen und anderen Mineralien. Als im 18. Jahrhundert Goldwäscher in den Flüssen im Landesinneren das Edelmetall in großen Mengen fanden, wurden ganze Landstriche von einem Goldrausch erfaßt. Seit der Kolonialzeit ist die Wirtschaft des Landesinneren aber vor allem durch ausgedehnte Latifundien be-

Die Küche des Zentralen Westens

stimmt. Viehzucht und Landwirtschaft bilden die wichtigsten Wirtschaftsfaktoren. Die Umweltzerstörung wird allerdings zunehmend zu einem Problem: Die Anlage von Viehfarmen zerstört große Waldgebiete, die oft innerhalb kurzer Zeit versteppen; viele Tier- und Pflanzenarten sind diesem Prozeß bereits zum Opfer gefallen. Trotz zum Teil bestehender Verbote und Tierschutzbestimmungen wird weitgehend unkontrolliert gejagt. So ist die regionale Küche bis heute durch Wildgerichte geprägt. Gürteltier und Paca sind Spezialitäten, die man nur hier findet.

»Gras für das Vieh«

Eine bekannte kulinarische Spezialität des Zentralen Westens ist der *Arroz de Suã*, ein Reisgericht mit geschnittenem, gebratenem Schweinefleisch. Eine andere Art der Reiszubereitung ist der *Arroz de Pequi* mit dem Öl einer heimischen Frucht, die sehr fetthaltig und aromatisch ist und dem Reis eine gelbe Farbe sowie einen delikaten Geschmack verleiht. Das Öl des Pequi ist zudem ein ausgezeichnetes Mittel gegen Husten und Erkältung.

Viele Kräuter und Gewürze des Zentralen Westens sind in anderen Gebieten Brasiliens unbekannt, so die *Jurubeba amarga*, eine Pflanze mit bitterem Geschmack. Manche Gerichte kennt man im ganzen Land, jedoch unter anderen Bezeichnungen. Ein Reisgericht mit Dörrfleisch heißt in Goiás *Maria Isabel*, in Minas Gerais *Trelelé*, in Rio Grande do Sul und anderen Gegenden *Arroz de Carreteiro*.

Während der Mineiro, der Bewohner von Minas Gerais, gern und viel Gemüse zu sich nimmt und das Kohlgericht *Couve mineira* weite Verbreitung genießt, ist Gemüse kaum Bestandteil des traditionellen Essens in Goiás – hier ißt man Fleisch und »läßt das Gras für das Vieh«, wie der Goiano verächtlich vom »Grünzeug« sagt.

Quitanda ist ein Wort aus der afrikanischen Quibundo-Sprache und bezeichnet in Brasilien einen kleinen Obst- und Gemüseladen. In Goiás steht das Wort dagegen für alles, was als Beilage zum Kaffeetrinken dienen kann: Kuchen, Kekse, kleines Gebäck, vor allem aus Mais und *Polvilho,* das bei der Herstellung von Maniokmehl anfällt.

Zum Süden zählen die drei Bundesstaaten Paraná, Santa Catarina und Rio Grande do Sul. Mit nur sechs Prozent der Gesamtfläche des Landes ist der Süden die kleinste der brasilianischen Regionen. Das Klima ist subtropisch, die Landschaft geprägt durch Araukarien, eine einheimische Kiefernart, die als Hauptlieferant für Papierfabriken und die Zellulose-Industrie dient. Die ausgezeichneten und wertvollen Hölzer der Region wurden im Raubbau geschlagen, so daß die ausgedehnten subtropischen Wälder mittlerweile fast vollständig verschwunden sind. Infolge der hemmungslosen Abholzungen kam es in den letzten Jahren wiederholt zu Überschwemmungen, die großen wirtschaftlichen Schaden anrichteten.

Bis 1853 bildeten Paraná und São Paulo eine einzige Provinz. Heute werden die beiden Bundesstaaten zwei verschiedenen geographischen Regionen zugerechnet: Paraná gehört zum Süden und São Paulo zum Südosten Brasiliens. Paraná war ein bedeutendes Zentrum ausländischer Einwanderung.

Die Küche des Südens

Der Boden Paranás ist überaus fruchtbar, so daß der Bundesstaat nach São Paulo und Minas Gerais die meisten Agrarprodukte liefert. Während vieler Jahre war Paraná größter Kaffeeproduzent, bis 1975 ein starker Frost mehr als 200 Millionen Kaffeesträucher vernichtete. Erst in den letzten Jahren kam es zu einer Erholung der Pflanzungen.

Kaffee ist das beliebteste und meistverbreitete Getränk der Brasilianer. Er wird zu jeder Tageszeit getrunken, nicht nur zu Hause, sondern auch am Arbeitsplatz oder im Büro, wo der Boy Stunde um Stunde mit Tablett und Kanne erscheint. Heute, wo der Kampf um das Existenzminimum immer härter und gewalttätiger wird, ziehen Kaffeeverkäufer – häufig Kinder unter zehn Jahren –

Cafezinho

mit ihren selbstgebauten Gestellen, in denen Thermoskannen mit Kaffee und eine Stange kleiner Plastikbecher stehen, durch die Straßen der Stadt und bieten den Passanten den unverzichtbaren *Cafezinho* (»kleiner Kaffee« oder Espresso) an, dessen Erlös mitunter die einzige Einkommensquelle der Familie bildet.

Der französische Dominikanerpriester Marie Hilaire Tapie bereiste 1911 Goiás: »Die herzlichste Gastfreundschaft erwartet uns hier. Zuerst eine Tasse brasilianischen Kaffees. Dies ist das erste, das einem frisch angekommenen Reisenden gereicht wird, und es ist das letzte, das man ihm anbietet, bevor er wieder abreist.« Der französische Maler Debret, der sich von 1816 bis 1831 in Brasilien aufhielt, hat in einer Zeichnung die schwarzen Sklavinnen festgehalten, die als Kaffeeverkäuferinnen von sechs Uhr früh bis zehn Uhr abends durch die Straßen Rio de Janeiros zogen, um an den Türen der Häuser ihre Ware anzubieten.

Die Plantagenbesitzer in der Gegend von Rio gaben ihren Sklaven Kaffee ohne Zucker als Stimulanz. 1851 schrieb schon Antônio José de Souza in seinem Buch über die Ernährungsgewohnheiten der armen Bevölkerung Rio de Janeiros, daß »die armen Klassen und die Sklaven unmäßigen Gebrauch vom Getränk des Kaffees machen«. Zur gleichen Zeit beobachtet der Forscher M. R. Regadas: »Zum Abschluß des Essens ist es Brauch bei unseren höheren Klassen oder bei der Mehrzahl der Bewohner Rio de Janeiros, Kaffee zu trinken.« Bei Armen wie Reichen ist Kaffee bis heute allgegenwärtig.

Die vielen Kaffeerezepte unterscheiden sich von der deutschen Art der Zubereitung dadurch, daß die Brasilianer ihren Kaffee einmal kurz aufkochen lassen und ihn durch ein Flanell- oder Baumwollsieb filtern, das immer trocken sein sollte. Getrunken wird der Kaffee mit viel Zucker und frischer Milch, nicht mit Kondensmilch, und oft aus einer kleinen Mokkatasse. Creme, Puddings, Kuchen, Gebäck werden mit ihm zubereitet und erhalten so einen eigenen Geschmack.

Der ungarische Immigrant Peter Kellemen, der in seinem humorvollen Buch »Brasilien für Anfänger« auch die Gewohnheit des Kaffeetrinkens karikiert, beobachtet einen *Carioca* – so werden die Bewohner Rio de Janeiros genannt – in einem Stehcafé und rät dem Fremden, sich ebenso zu verhalten, wenn er nicht auffallen wolle: »Um einen *Cafezinho* zu trinken, fülle die Tasse mit Zukker, rühre ein wenig um, nimm einen Teil des Zuckers wieder heraus und lege ihn auf die Untertasse. Wenn du Zeit hast, greife erneut zur Zukkerdose und nimm eine weitere Prise Zucker in den Kaffee. Nimm vorsichtig mit dem Löffel den Schaum vom Kaffee, beuge dich nach vorn wie ein gebrochener Zahnstocher und trinke deinen Kaffee...«

Eine kulinarische Besonderheit Südbrasiliens ist der *Café colonial,* der sich mit den deutschen Einwanderern Ende des letzten Jahrhunderts einbürgerte. Sein Name leitet sich von *Colônia* (Siedlung) ab und bezog sich auf die Ansiedlung der Deutschen, vor allem in Rio Grande do Sul. Er wurde zum Inbegriff einer reichhaltigen Nachmittagsmahlzeit, die heute eine Touristenattraktion darstellt und ganze Reisegesellschaften mit dem Bus aus dem entfernten São Paulo anreisen läßt. Im übrigen Brasilien kennt man diese Mahlzeit nicht in solcher Üppigkeit; Kuchen oder Torte werden normalerweise als Nachtisch serviert.

Berühmt für ihre *Cafés coloniais* und ihre hortensiengeschmückten Straßen ist die kleine Stadt Gramado in der Nähe von Porto Alegre, der Hauptstadt des südlichsten Bundesstaates. Dort haben sich zahlreiche gastronomische Betriebe auf *Café colonial* spezialisiert. In riesigen Buffets und Vitrinen stehen Dutzende von Torten und Kuchen zur Auswahl, Gebäck, Pasteten, Kekse, Waffeln, Puddings, Süßspeisen, Pfannkuchen, aber auch verschiedenerlei Wurst und Käse, Salzgebäck und mehrere Brotsorten; dazu wird Kaffee, Tee oder Schokolade getrunken. Vom reichhaltigen Speiseangebot über die Architektur der

Café colonial

Häuser und die Innendekoration der »Cafés« bis zur Tracht der Bedienung ist alles »typisch deutsch« – oder das, was man in Brasilien dafür hält...

Was in Rio Grande do Sul der *Café colonial*, ist in dem nördlichen Bundesstaat Paraná und nicht nur unter den dortigen deutschstämmigen Einwanderern der *Café com Mistura*, der »Kaffee mit Mischung«. Mit Mischung sind die zum Nachmittagskaffee gereichten Beilagen gemeint: Kuchen, Kekse und Gebäck. Auch hier ist Maniok allgegenwärtig, besonders in Form von *Polvilho*.

Landwirtschaft

Paraná, größter Produzent von Bohnen, Mais, Getreide und Soja, ist gleichzeitig einer der Hauptlieferanten von Fleisch. Aufgrund seines angenehmen Klimas und der Fruchtbarkeit seiner Böden ist der Süden eine gefragte Region, die immer wieder von ausländischen Einwanderern als neue Heimat gewählt wird.

Die portugiesische Kolonisation von Rio Grande do Sul begann 1680 mit der Gründung der Kolonie Sacramento auf der linken Seite des Rio da Prata. 1824 trafen die ersten deutschen, fünfzig Jahre später italienische Siedler ein. 1829 zogen deutsche Einwanderer nach Santa Catarina, das zum Zentrum deutscher Besiedlung wurde, was der Region einen anderen Charakter verlieh als dem übrigen Brasilien.

Im Gegensatz zum Norden und Nordosten befinden sich im Süden große Teile der kultivierten Flächen im Besitz von Kleingrundbesitzern, die auf den im Durchschnitt fünfzig Hektar großen Böden Getreide, Bohnen, Reis, Maniok und – seit den letzten zehn Jahren – Sojabohnen für den Export anbauen. Die profitableren Pflanzen verdrängten vielfach die traditionellen Kulturen, die bisher die Ernährungsgrundlage der Bevölkerung gebildet hatten. Darüber hinaus zählen die Ausfuhr von Holz, Tabak und Mate zu den wichtigen Einnahmequellen der Region. Seit zwanzig Jahren ist der Süden auch als Weinanbaugebiet bekannt. Die Qualität brasilianischer Weine konnte in dieser Zeit wesentlich verbessert werden, so daß es heute durchaus gute und bekannte Weine gibt, die das Land bei Tafelweinen und zunehmend auch bei gehobenen Qualitäten von Importen unabhängig machen.

Vor allem zwei Elemente wurden bestimmend für die Wirtschaft und die soziale Organisation des Bundesstaates: die Viehzucht und das Militär. Jahrhundertelang prägten die unüberschaubaren Herden das Bild des Südens. Die Viehwirtschaft mit ihren rund 37 Millionen Rindern, Pferden, Ziegen, Schafen und Schweinen nimmt eine wichtige Stellung innerhalb der brasilianischen Ökonomie ein. Der militärische Einfluß in der regionalen Gesellschaft war so stark, weil zahlreiche Garnisonen die Grenzgebiete schützen und sichern mußten. Die Küche von Rio Grande do Sul, sagt Dante de Laytano, folgt der historischen Entwicklung der Region.

Die *Estâncias,* die Viehfarmen, bilden das wirtschaftliche Zentrum des Landes und bestimmen die Eßgewohnheiten des *Gaúcho.* Frisches Rindfleisch ist die Grundlage des *Churrasco,* des berühmten Spießbratens, der von Rio Grande do Sul aus seinen Siegeszug ins übrige Land antrat. Er geht auf die Notwendigkeit der *Gaúchos* zurück, sich während der langen Wochen zu verpflegen, die sie mit ihren Viehherden auf der Suche nach Weideplätzen unterwegs waren.

Trockenfleisch ist zwar in ganz Brasilien bekannt und geschätzt, nirgendwo aber so schmackhaft und gut wie in Rio Grande do Sul. Die Bezeichnung *Charque* stammt aus der Quechua-Sprache. José Pinto Martins, ein Viehhändler aus Ceará, soll *Charque* in Rio Grande do Sul eingeführt haben. Während der großen Dürre von 1777 zog er vom Nordosten mit seinen Herden auf der Suche nach neuem Weideland immer weiter nach Süden und ließ sich schließlich in Pelotas in Rio Grande do Sul nieder. Da hier die Sonne weniger intensiv als in seiner Heimat schien, konnte Pinto Martins das Fleisch nicht in der gewohnten Weise

Der Gaúcho

trocknen. So ging er daran, den Konservierungs-vorgang mittels Salz zu verbessern. Bereits die Indianer hatten Fleisch auf einem Rost *(Moquém)* über dem Feuer gedörrt. Diese Technik verbesserte Pinto Martins und trocknete größere Mengen Fleisch mit dem Ziel, es zu exportieren.

Als *Charqueada* wird die gesamte Prozedur der Herstellung von Trockenfleisch bezeichnet, vom Schlachten des Viehs bis hin zum halbindustrialisierten Trockenprozeß. Bereits im 19. Jahrhundert wurde Rio Grande do Sul die größte Exportregion von Dörrfleisch, das bis heute eine der wichtigsten Einnahmequellen geblieben ist.

Im Norden und Nordosten Brasiliens bedient man sich einer anderen Konservierungsmethode, die allerdings von geringerer Haltbarkeit ist. Das Fleisch wird zwei bis drei Tage in der Sonne gedörrt; es bleibt dadurch saftiger als der *Charque* und heißt *Carne de Sol*. Für *Feijoada* und *Cozidos* benutzt man *Charque* und nicht *Carne de Sol*.

Die Küche des Südostens

Der Südosten Brasiliens ist das am dichtesten bewohnte und am stärksten industrialisierte Gebiet des Landes. Auf 10,8 Prozent der Gesamtfläche Brasiliens konzentriert sich mehr als die Hälfte der brasilianischen Bevölkerung, 56 Einwohner je Quadratkilometer. Die Region umfaßt die Bundesstaaten Espírito Santo, Rio de Janeiro, Minas Gerais und São Paulo und damit auch die wichtigsten städtischen Zentren des Landes. Allein in Rio de Janeiro und São Paulo – Städte der Verwaltungs- und Bankenpaläste, der Wohnhochhäuser und der unübersehbar großen Elendsviertel, der *Favelas* – lebt ein Fünftel der brasilianischen Bevölkerung.

Der städtische Haushalt von São Paulo ist viermal größer als der des gesamten Bundesstaates Pernambuco; dennoch fehlen 800.000 Kinderkrippen-Plätze, so viele wie die nordöstlichen Landeshauptstädte João Pessoa, Teresina und Aracaju an Einwohnern verzeichnen. Das Pro-Kopf-Einkommen ist in São Paulo fast doppelt so hoch wie im Durchschnitt Brasiliens, aber von seinen 10 Millionen Einwohnern leben 3,5 Millionen in *Favelas*.

Rio de Janeiro und São Paulo sind politisch, wirtschaftlich und kulturell die bedeutendsten Zentren Brasiliens. Rio de Janeiro war von 1763 bis 1960, nach Salvador, Hauptstadt des Landes. Bis heute hat die Metropole ihr Flair als ehemaliges Zentrum Brasiliens erhalten und gilt als eine der schönsten Städte der Welt.

São Paulo erlebte seit dem 19. Jahrhundert eine stürmische Entwicklung zu einem der weltgrößten Industriezentren. Grundlage für diese Entwicklung war der Kaffeeanbau, der nach wie vor in São Paulo wie in anderen Teilen Süd- und Südostbrasiliens einen der wichtigsten Wirtschaftszweige darstellt. Auch in anderen landwirtschaftlichen Produktionsbereichen, etwa der Herstellung von Alkohol als Benzinersatz, ist der Südosten führend. Er besitzt die beste wirtschaftliche und soziale Infrastruktur Brasiliens.

Die Entwicklung von Minas Gerais (allgemeine Minen) stützte sich zunächst auf die Viehzucht, später auf die Edelmetall- und Erzvorkommen. Ende des 17. Jahrhunderts führten die ersten Gold- und Diamantenfunde zu einer intensiven Besiedelung. Mit der Abnahme der Edelmetallfunde nahm die Erschließung anderer Metallvorkommen, insbesondere des im Tagebau geförderten Eisenerzes, zu. Im Bergbaugebiet von Minas Gerais wurde auch 1789 der erste, wenn auch gescheiterte Versuch unternommen, die Unabhängigkeit von Portugal zu erkämpfen.

Die wirtschaftliche Entwicklung des brasilianischen Südostens machte die Region zu einem Anziehungspunkt für Einwanderer aus der gesamten Welt, besonders aus Europa, dem Mittleren Osten und Ostasien. Sie alle brachten auch ihre Eßkultur mit.

Kaffee wurde ab der Mitte des 19. Jahrhunderts zum Hauptexportprodukt Brasiliens. Die Kaffeewirtschaft erforderte eine große Zahl von Arbeitskräften, die zunächst, wie auf den Zuckerrohr-

Einwanderung

plantagen, Sklaven waren. Die Aufhebung der Sklaverei fiel mit einer starken Ausweitung der Kaffeewirtschaft zusammen. Den entstehenden Arbeitskräftemangel versuchte man durch eine Förderung europäischer Immigration zu beheben.

Die Mehrzahl der Einwanderer kam aus Italien und siedelte vor allem in den größeren Städten des Staates São Paulo. Zahlreiche Italiener ließen sich auch in Rio Grande do Sul nieder, wo sie bedeutende landwirtschaftliche Siedlungen gründeten. Die italienische Küche mit ihren Teigwaren und Saucen verbreitete sich in ganz Brasilien, vor allem jedoch im Süden. Die typischen Pizzarias findet man heute überall und in jeder Preisklasse. Insbesondere Spaghetti sind überaus beliebt und eine wichtige Beilage zum Sonntagsbraten. Aus anderen Nudelsorten entwickelten die Brasilianer die *Macarronada,* die, nach Belieben und Phantasie mit den verschiedensten Zutaten versehen, im Ofen gebacken wird.

Ein weiterer Beitrag der italienischen Küche ist geriebener Käse, dessen Gebrauch ebenfalls weitverbreitet ist. Er wird nicht nur für gesalzene Gerichte verwendet, sondern ebenso zur Verfeinerung von Süßspeisen, Kuchen oder Puddings. Käse hat die Brasilianer zu gewagten, unerwarteten Kombinationen angeregt: Der tägliche Nachtisch in den Familien der Mittelschicht – eine Süßspeise wie *Goiabada, Bananada* oder *Marmelada* – wird mit einer Scheibe Gouda oder Edamer zum *Doce com Queijo.*

Die zweitgrößte Einwanderungsgruppe bildeten die Deutschen, die sich aufgrund des gemäßigten Klimas vor allem in der Region südlich von São Paulo niederließen. Im Landesinneren der Südstaaten Rio Grande do Sul, Santa Catarina und Paraná sind manche Ortschaften vollständig von deutscher Lebensart und Architektur geprägt. In der gebirgigen Gegend von Rio de Janeiro haben sich vor allem Schweizer niedergelassen, insbesondere in den Städten Petrópolis und Friburgo.

Die deutsche Küche erfuhr in Brasilien nicht die gleiche Verbreitung wie die italienische. Nur als Kuriosität sei erwähnt, daß es eine Kuchenart mit dem Namen Cuque oder Cuca gibt, deren Bezeichnung offensichtlich vom deutschen »Kuchen« abgeleitet wurde. Von allen Konsumgütern, welche die Deutschen mit nach Brasilien brachten, konnte sich einzig das Bier durchsetzen.

Von 1885 bis 1889 kamen zahlreiche syrische und libanesische Einwanderer nach Brasilien. 1955 waren es etwa 100.000, die sich besonders als »fliegende Händler« betätigten. Der *Mascate*, der mit seinem Koffer voller »Neuheiten« – Seide, Ketten, Parfums und ähnliches – durch das Landesinnere reiste und in Dörfern und auf Farmen einen Hauch großstädtischen Lebensstils verbreitete, hatte durchaus eine wirtschaftliche Bedeutung und ist überdies eine charakteristische Figur in der brasilianischen Literatur.

Die arabische Küche hat zahlreiche Spuren hinterlassen. *Cuscuz,* wie man ihn in São Paulo und Minas Gerais zubereitet, ist dafür ein bekanntes Beispiel. *Cuscuz* – vom arabischen *Kuzkuz* oder *Alcuzcuz* – ist das Nationalgericht der Mauren von Ägypten bis Marokko. Wurde er ursprünglich aus Reismehl, Weizenmehl oder anderen Getreidesorten hergestellt, bevorzugte man später amerikanischen Mais. *Cuscuz* wird eher im »weißen« als im »schwarzen« Afrika zubereitet. Im nördlichen Nordosten Brasiliens wird er in Kokosmilch eingeweicht und über Dampf gegart – ein schmackhafter Nachtisch oder Brotersatz. In diesen Regionen ist der Mais-Cuscuz *(Cuscuz de Milho)* der am meisten verbreitete. Beliebt sind jedoch auch verschiedene Mehltypen, die aus der Maniokwurzel gewonnen werden: aus gedämpftem *Carimã* oder aus rohem, nur in Flüssigkeit eingeweichtem Tapioka-Mehl.

Für *Cuscuz de Milho* läßt sich in Europa Maisgrieß verwenden. Das im Handel erhältliche Tapioka-Mehl kommt aus Afrika und unterscheidet sich geschmacklich leicht von dem brasilianischen. Tapioka ist in Europa in erster Linie als

Viehfutter bekannt und wird vor allem aus Thailand importiert, während es in vielen Ländern der sogenannten Dritten Welt zu einem wichtigen und aufgrund seines hohen Eiweißgehalts überaus gesunden Grundnahrungsmittel zählt.

Mit Beginn des 20. Jahrhunderts siedelten japanische Immigranten vor allem in São Paulo und im Amazonasgebiet. Die meisten ließen sich in ländlichen Gegenden nieder und wurden im Gemüse- und Obstanbau tätig. Bis 1982 stellten sie mit 550.000 Personen 2,3 Prozent der brasilianischen Bevölkerung. Ein japanischer Einfluß in der brasilianischen Küche ist praktisch nicht vorhanden; japanische Restaurants jedoch sind in den großen Städten, besonders in São Paulo, keine Seltenheit mehr.

Unter den brasilianischen Einwanderern sind noch Polen, Slawen, Juden aus verschiedenen Ländern, Armenier und Spanier zu erwähnen. Nicht genannt wurden bisher die Portugiesen, die natürlich seit der »Entdeckung« Brasiliens die umfangreichste Einwanderungsgruppe stellen. Sie nahmen in der brasilianischen Gesellschaft immer eine Sonderstellung ein und genossen gegenüber anderen Einwanderern zahlreiche Vergünstigungen. Ihr Einfluß auf die brasilianische Küche ist vor allem im Nordosten offensichtlich.

Die Küche in Bahia

Die Küche Bahias variiert stark in den einzelnen Regionen dieses Bundesstaates, der fast eineinhalbmal so groß ist wie die Bundesrepublik. Die Bahianer in der Hauptstadt und im Landesinneren haben recht unterschiedliche Ernährungsgewohnheiten. Die afrobrasilianischen Gerichte, die den Ruhm der bahianischen Leckerbissen begründen, sind keine alltäglichen Speisen; sie sind weder typisch für die »gehobenen« Schichten noch für die Familien afrikanischen Ursprungs.

Die afro-bahianische Küche mit ihren Gerichten aus Palmöl, Kokosmilch, getrockneten Krabben und reichlich Pfeffer ist vor allem im Gebiet der Landeshauptstadt und ihrer Umgebung, dem Recôncavo, beheimatet, also dem Gebiet, das vom

Zuckerrohranbau beherrscht wurde und in dem die meisten Sklaven lebten. Wie im gesamten Nordosten ist das Essen im Landesinneren dagegen eher kärglich. Eine der wichtigsten Ernährungsgrundlagen ist Maniokmehl, möglichst ergänzt durch *Carne seca,* sonnengedörrtes, gesalzenes Fleisch, das sich jedoch infolge der gesunkenen Kaufkraft immer weniger Menschen leisten können. An der Küste liegt der Proteingehalt der Nahrung durch den Verzehr von Fisch, Muscheln und Krabben höher; die Verwendung von Kokosmilch ist weitverbreitet.

Von *der* afrikanischen Küche zu sprechen, wäre ein so gewagtes Unterfangen, wie die europäische oder asiatische Küche als einheitliches Ganzes sehen zu wollen. Die einzelnen Kulturkreise des afrikanischen Kontinents besitzen sehr unterschiedliche Ernährungstraditionen, die zudem durch die jeweiligen Formen der Kolonisation beeinflußt wurden.

Die südamerikanischen und die afrikanischen Pflanzen, die seit dem Ende des 15. Jahrhunderts ihre Heimat gewechselt haben, sind nicht mehr zu zählen. Obwohl sie in vielen Teilen Afrikas unverzichtbarer Bestandteil der heutigen Ernährung sind, waren es die Portugiesen, die Mais, Erdnuß, Maniokwurzel und Malaguetta-Pfefferschote von Brasilien nach Westafrika verpflanzten. Umgekehrt sind die Bananenstaude *(Musa paradisiaca),* die Yamswurzel *(Inhame),* die Okraschote *(Quiabo),* die doch alle so sehr dem brasilianischen Geschmack entsprechen, keine ursprünglich dort beheimateten Pflanzen. Sie wurden von Westafrika und aus anderen Ländern nach Brasilien gebracht. Die Banane zum Beispiel stammt aus Indien, China und von den Molukken. Sie wurde von den Soldaten Alexanders des Großen entdeckt und vermutlich durch arabische Händler nach Afrika gebracht, von wo aus sie ihren Weg nach Brasilien antrat. Dem brasilianischen Gelehrten Câmara Cascudo zufolge ist die Banane der größte Beitrag des afrikanischen Er-

Die afrikanische Küche

bes zur brasilianischen Ernährung. Ähnliches erfuhren die Inder mit dem Caju, einem brasilianischen Baum, der sich vorzüglich anpaßte und heute zu Landschaft und Küche Indiens gehört.

Obwohl auch im Zuckerrohranbau in Pernambuco, in den Goldminen von Minas Gerais und im Kaffeeanbau von São Paulo zahlreiche Sklaven eingesetzt wurden, scheint es unter denen der damaligen Hauptstadt Salvador da Bahia eine starke Konzentration von Angehörigen des gleichen Volksstammes – ethnisch wie kulturell – gegeben zu haben, die eine Beibehaltung der kulturellen Eigenständigkeit und eben auch der Eßgewohnheiten und Gerichte ihrer Vorfahren ermöglichte. Es dürfte der Umkreis des Candomblé, des religiösen Kultes der westafrikanischen Jêje-Nagô, gewesen sein, der die sogenannte afrikanische Küche in ihren Grundelementen aufrechterhielt.

Laut Câmara Cascudo begann der Prozeß der religiösen Vermischung bereits im 19. Jahrhundert. Kein *Orixá* – die Gottheit des Candomblé – kann angerufen werden, ohne ihm in einem Ritual zuvor seine ureigensten und heiligen Gerichte anzubieten. Jede Gottheit hat ihr bevorzugtes Gericht, dessen Zubereitung bis heute sorgfältig bewahrt und gepflegt wird. Viele Speisen, die sich auf den Tischen der »Weißen« finden, tragen im Candomblé einen anderen, afrikanischen Namen, der ausschließlich von den Eingeweihten gebraucht wird.

Imbiß und Festessen

Früher zogen Schwarze mit großen Tabletts durch die Straßen, auf denen sie die beliebtesten Gerichte zum Verkauf anboten. An Sommerwochenenden und zu Volksfesten werden die alten *Tabuleiros da Baiana* als folkloristische Attraktion wiederbelebt. Auf den Tabletts mit Süßspeisen dominiert die *Cocada* aus Kokosnuß in ihren vielen Abwandlungen: die *Cocada branca*, die aus Kokosraspeln und Zuckersirup besteht; die mit Zuckermelasse zubereitete *Cocada queimada;* die *Cocada de Abóbora* aus Kürbis; die trockene *Cocada seca,* die in flache, quadratische Stücke geschnitten wird; die *Cocada puxa*. Dazu werden *Pé-de-Moleque*, *Quindins, Queijadinhas* und viele andere Süßspeisen angeboten. Auf anderen Tabletts befinden sich die Beilagen zum Kaffee: Kuchen, Kekse und *Cuscuz*, alle mit Kokosmilch und Maismehl, *Carimã*, Tapioka oder feinem Maniokmehl zubereitet. *Mungunzá, Pamonhas, Canjicas* und die unvergleichlichen Breie *(Mingaus)* laden zum Probieren ein.

Nachmittags oder mitunter auch abends wird die *Ceia baiana* gereicht, der bahianische Imbiß, der neben all diesen Köstlichkeiten weitere umfaßt, die jedoch im allgemeinen nicht auf den Tabletts verkauft werden: gebratene oder gekochte Kochbananen, gekochte und mit Butter bestrichene Maniokwurzel, gekochte Yamswurzel, Süßkartoffeln, gekochte oder gebratene Brotfrucht.

Das bekannteste *Tabuleiro*, das noch heute in Bahia häufiger anzutreffen ist als in Deutschland Pommes-frites-Buden, ist das Tablett der *Acarajés*. Auf ihnen liegen die berühmten Bällchen aus geriebenen, rohen Fradinho-Bohnen, die mit geriebenen Zwiebeln gewürzt und in Palmöl fritiert sind; daneben der *Abará*, ebenfalls aus Bohnen, jedoch in Bananenblätter eingewickelt und gekocht. Beide sind gewürzt mit einer Malaguetta-Pfeffersauce oder mit trockenen Krabben, Palmöl und Zwiebeln. Besucher sollten sich nicht die Gelegenheit entgehen lassen, in den Straßen Bahias bei einer dieser Künstlerinnen *Acarajés* zu probieren. Und wenn eine Bahiana fragt, ob es »heiß« sein soll, so bedeutet dies, daß mit Pimenta nicht gespart wird.

Die Hauptgerichte der sogenannten bahianischen Küche sind der *Caruru*, der *Vatapá*, der *Efó*, der *Acarajé*, der *Abará*, der *Xinxim* und die *Moqueca*. Sie alle haben ihre afrikanischen Namen beibehalten, nur *Moqueca* ist eine indianische Bezeichnung für ein Fleisch- oder Fischgericht, das in Bananenblätter oder die anderer Pflanzen eingewickelt wird. Wenn sich auch der Name erhalten hat, wurde doch die Zubereitung in Bahia vollständig verändert, afrikanisiert, verwandelt in ein Gericht aus geschmortem Fisch, Krabben oder Gemüse, das mit getrockneten, gemahlenen Krabben, Palmöl und Kokosmilch gewürzt wird.

Vatapá und *Caruru* finden sich nicht nur in der bahianischen Küche; sie zeigen vielmehr, wie verbreitet im ganzen Land, insbesondere aber im Nordosten und Norden, der afrikanische Einfluß ist. Am Amazonas wie in Sergipe trifft man regionale Varianten dieser Gerichte. Eine *Moqueca* im Norden etwa besteht aus Schildkrötenfleisch – die Tiere waren früher ein wichtiger Bestandteil der Küche im Amazonasgebiet.

Die Bezeichnung *Caruru* wird in Bahia auch für die Gesamtheit der afrikanischen Gerichte benutzt, die bei traditionsbewußten Baianos bis heute zu bestimmten Gelegenheiten angeboten werden, so zum Fest der Heiligen Kosmas und Damianus im September. Ein festlicher *Caruru* enthält die ganze Palette der Gerichte afrikanischen Ursprungs: *Caruru, Vatapá, Efó, Xinxim,* verschiedene *Moquecas,* Fradinho-Bohnen, in Palmöl zubereitete *Farofa,* in Palmöl gebratene Bananen und ein Reis, der als *Arroz de Haussá* nach einem Stamm in Nord-Nigeria benannt ist. Der *Vatapá* hat die stärksten Eingriffe in sein Grundrezept erfahren. Der gekochte Brei auf der Grundlage irgendeines Mehls – Maniok, Reis, Weizen oder sogar Mais – wird mit getrockneten Krabben, Erdnüssen, Ingwer, Cashewnüssen, Kokosmilch und Palmöl verfeinert.

Unerläßlich bei allen bahianischen Gerichten ist die *Molho de Pimenta,* eine Pfeffersauce, die aus einer Handvoll Malaguetta-Pfefferschoten, Zitronensaft, frischem Koriander und Petersilie besteht. Der ursprüngliche afrikanische Malaguetta-Pfeffer büßte zugunsten des in der Neuen Welt beheimateten Capsicum-Pfeffers seine Bedeutung ein. Die Portugiesen verbreiteten ihn; in Afrika wurde er zur gebräuchlichsten Sorte und derart beliebt, daß er den Namen seines Vorgängers erhielt. So kommt Malaguetta heute aus Brasilien.

Carne de Sol, Charque, geräucherter Speck, in Salz eingelegtes Schweinefleisch für *Feijoada* (Markt von Boca do Rio, Salvador da Bahia)

Verschiedene Wurstwaren vor allem für *Feijoada*

(1) Pfeffer-Sauce, (2) gekochte Fleisch- und Wurstwaren einer *Feijoada*, (3) gekochte Bohnen, (4) Reis, (5) Limonen und Zwiebeln, (6) Bier und Schnaps

Verkauf gekochter Speisen auf einem Markt im Nordosten Brasiliens

Fische, frisch zum Verkauf auf den Markt gebracht

Eingemachte Pfefferschoten und *Dendê*-Öl

Der traditionelle Pfeffer *(Piper nigrum)*, der in Brasilien *Pimenta do Reino* – Pfeffer aus dem Königreich, gemeint ist Portugal – oder *Pimenta da Índia* (indischer Pfeffer) genannt wird, wurde zuerst in Bahia angepflanzt. Er war aus Timor und Macau importiert worden, nachdem der portugiesische Hof auf der Flucht vor den Truppen Napoleons 1808 in die große Kolonie übergesiedelt war.

Der Einfluß, den der Tourismus in Bahia in immer stärkerem Maße ausübt, zeigt sich einerseits in einer gewissen Verfälschung und Anpassung der traditionellen Rezepte, andererseits trägt er dazu bei, den unbegründeten Glauben zu verbreiten, in Bahia werde alles mit Palmöl zubereitet und mit Malaguetta-Pfeffer gewürzt.

Die Baianos schätzen eine gute *Feijoada* – wird sie aus braunen Bohnen zubereitet, heißt sie *Feijão mulatinho*. Die sonntäglichen *Macarronadas* sind insbesondere in der Mittelschicht zu finden, und das gebratene Huhn genießt noch immer großes Ansehen, ebenso wie Rindfleisch, obwohl es für die Masse der Bevölkerung immer weniger erschwinglich geworden ist.

Die Küche des Nordostens

Der Nordosten mit den Bundesstaaten Maranhão, Piauí, Ceará, Rio Grande do Norte, Paraíba, Pernambuco, Alagoas, Sergipe und Bahia umfaßt 18,2 Prozent der Gesamtfläche Brasiliens; das Territorium Fernando de Noronha ist 1988 in den Staat Pernambuco integriert worden. 21,8 Prozent der Brasilianer leben in dieser Region. Der Küstenstreifen, ursprünglich atlantischer Urwald, ist seit der frühen Kolonialzeit besiedelt und seitdem vor allem für Zuckerrohrpflanzungen genutzt worden. Noch heute wird die heiße und fruchtbare Küstengegend *Zona da Mata* (Waldzone) genannt, seit jeher Ziel der Zuwanderer aus dem Landesinneren, die in den immer wieder auftretenden großen Dürreperioden hier ihre Zuflucht fanden.

Der ehemals dichte Urwald ist nur noch in wenigen Naturschutzgebieten erhalten; der Bedarf an Ackerland für die Zuckerrohr-Monokultur und der Verbrauch von Brennholz für die Verarbeitung des Zuckers waren so enorm, daß von der »Waldzone« nur noch der Name geblieben ist. Ein- bis zweihundert Kilometer von der Küste entfernt beginnt eine andere Klima- und Wirtschaftszone, der *Agreste,* eine Übergangsregion zu dem Trockengebiet des *Sertão,* einer Buschsavanne mit geringem Niederschlag, in dem nur spärliche Landwirtschaft und extensive Viehzucht betrieben werden können.

Nordostbrasilien – das sind vor allem zwei gegensätzliche Welten: das »Vieleck der Dürre« mit im Abstand von wenigen Jahren immer wieder auftretenden Trockenperioden, die häufig zu großen Hungerkatastrophen geführt haben, und die Küste mit ihren Zuckerrohranbaugebieten. Daneben kommt dem Amazonas-Vorland im Bundesstaat Maranhão eine besondere Rolle zu, die sich in der dortigen Küche widerspiegelt. Als im April 1985 ein Maranhense brasilianischer Staatspräsident wurde, entdeckten die Medien plötzlich eine regional besondere Küche, die bis dahin weitgehend unbekannt geblieben war. Typisch ist zum Beispiel die *Torta de Camarão,* eine Krabbentorte, die kein Mehl, sondern viele geschlagene Eier enthält und als Variante auch mit Krebsfleisch oder anderen Meerestieren zubereitet wird. Auch einige Reisgerichte beinhalten regionale Zutaten: etwa *Arroz de Cuxá* mit Speck, getrockneten Krabben, einer nur hier anzutreffenden Pfefferschotenart und *Cuxá,* einem säuerlich schmeckenden, pürierten Vinagreira-Gemüse. Als Leckerbissen gilt auch Reis mit dem Fleisch des Jaçanã, eines Vogels, oder des Jurará, einer kleinen Schildkröte. Typisch ist *Cachaça de Tiquira,* ein aus Maniok hergestellter Schnaps, sowie viele Produkte der hier verbreiteten Palmenarten Murici und Buriti.

In Maranhão und Piauí sind auch die eher für Bahia typischen *Caruru* und *Vatapá* bekannt, allerdings mit weniger Palmöl, das hier »nur zum Parfümieren« dient, wie die Leute sagen. Typisch und im ganzen Nordosten sehr beliebt ist *Carne de Sol* mit *Pirão de Leite:* an der Sonne gedörrtes Rindfleisch mit einem Brei aus Maniokmehl, Milch und etwas Salz, dazu *Manteiga de Garrafa,* flüssige, in Flaschen abgefüllte Butter.

Überall in Brasilien, besonders aber an der Küste, sind Meerestiere eine ständige beliebte Abwechslung auf der Speisekarte. Brasilien verfügt über mehr als 7.000 Kilometer Meeresküste und eine leistungsfähige Fischereiflotte. Vor allem aber sind es die unzähligen kleinen Fischerkolonien an der gesamten Küste, die täglich für frischen Fisch, Krabben, Krebse, Langusten und viele Arten von Muscheln sorgen. Im Nordosten fahren die Jangadas aufs offene Meer, einfache, aus fünf Stämmen und einem Segel bestehende Flöße. Die Gefahren des Meeres und die Liebe der Fischer zur Meeresgöttin Yemanjá, halb Frau und halb Fisch, bewegen die Phantasie und die Lieder des Volkes. Mit der gleichen Phantasie scheint sich die brasilianische Köchin darauf verlegt zu haben, die vielen Gaben des Meeres in schmackhafte Gerichte umzuwandeln. Ob in einem Restaurant oder zu Hause, die Variationen von Fisch und allen Meeresfrüchten sind unendlich. Charakteristisch ist die Verwendung von viel Kokosmilch und – besonders in Bahia – des schweren, rötlichen Palmöls.

Die portugiesischen Kolonisatoren brachten drei Neuerungen mit nach Brasilien, die großen Einfluß auf die Landesküche ausüben sollten. Sie werteten die Verwendung von Salz auf, und sie machten Ureinwohnern und Afrikanern den Gebrauch von Zucker schmackhaft. Hühnereier waren zwar bekannt, wurden jedoch nicht verwendet – durch die Portugiesen erlangten sie Bedeutung und fanden Verbreitung in immer neuen Variationen der Kochkunst der Neuen Welt.

Der Einfallsreichtum der Portugiesin verwandelte und verfeinerte die bekannten Zutaten und Gerichte: Sie bereitete einen delikateren Mehlkuchen aus Maniok oder Mais, bereicherte die Mischungen mit Milch und fügte den vielen Breisorten Zucker und Honig hinzu. Aus Eiern,

Zucker

Milch und Zucker entstanden die luso-tropischen Süßspeisen, die zu den vielseitigsten und originellsten der Welt gehören.

Das Zuckerrohr führten die Portugiesen, die bereits Erfahrungen mit ihm auf den Kapverdischen Inseln gesammelt hatten, schon im 16. Jahrhundert in Brasilien ein. Aus dem Orient war der Zucker über Genua und später über Sizilien nach Europa gelangt. Selten und überaus teuer, wurde er eher als Medizin eingesetzt und gehörte zum Luxus der Reichen. In Portugal waren Süßspeisen schon lange vor der Verbreitung des Zukkers bekannt und erprobt, denn die arabischen Herrscher hatten den Gebrauch von Honig populär gemacht und den Portugiesen ihre Vorliebe für Süßigkeiten und Nachspeisen hinterlassen.

In Nordostbrasilien bauten die Portugiesen Zuckerrohr in großen Fazendas an. Die einseitige Landwirtschaft zerstörte das bestehende pflanzliche und tierische Leben beinahe vollständig, wie Josué de Castro in seinem Buch »Geographie des Hungers« beschreibt. Die Kolonisatoren vernachlässigten den Anbau anderer Nahrungsmittel und brachten das ökologische Gefüge aus dem Gleichgewicht. Abholzungen vernichteten den tropischen Regenwald, beeinflußten den Wasserhaushalt des Bodens und sind mitverantwortlich für die katastrophalen Dürreperioden und die anhaltende Landflucht aus dieser Region. Gleichzeitig ermöglichte die Monokultur die ökonomische Stabilität der neuen, im Aufbau befindlichen Gesellschaft und ihre Strukturierung zu einer gefestigten und in der Landwirtschaft verwurzelten Herrschaft in dem neuen Land.

Der Franzose Robert Linhart analysiert in seinem Buch »Der Zucker und der Hunger« das Drama der Bevölkerung, die ihr Leben auf den Zuckerrohrpflanzungen des brasilianischen Nordostens fristet, und weist auf die einseitige und mangelhafte Ernährung infolge der Monokultur hin. Der Hunger im Nordosten, so Linhart, ist wesentlich mit dem verbunden, was die Herrschenden die »Entwicklung Brasiliens« nennen — ein »moder-

ner« Hunger, dessen Ursprung auf die kolonial-
zeitliche Monokultur zurückgeht und der bis heute wesentlich von der Besitz- und Produktions-
struktur der regionalen Landwirtschaft verursacht
wird, die den Kleinbauern und Landarbeitern
kaum Möglichkeiten läßt, das anzubauen, was sie
für ihren eigenen Lebensunterhalt brauchen.

Mit dem allmählichen Niedergang des Zucker-
rohranbaus im Nordosten und der Erschöpfung
der Goldminen von Minas Gerais, deren Ausbeu-
tung Arbeitskräfte auf der Suche nach schnellem
Reichtum aus dem Nordosten abgezogen hatte,
strömten die Arbeiter – Sklaven und andere –
nach São Paulo. Im Staat São Paulo begann man
ebenfalls Zuckerrohr anzubauen, und die Region
entwickelte sich zum wichtigsten Lieferanten Brasiliens.

Doch trotz der teilweisen Verlagerung des An-
baus gilt der Nordosten weiterhin als das bedeu-
tendste Zuckerrohrgebiet. Seine Geschichte, sein
Leben und seine Sozialstruktur sind, wie Roger
Bastide sagt, geprägt vom Geruch des frisch-
geschnittenen Rohrs, von der Süße des Zuckers
und vom Duft des Zuckerrohrschnapses *Cachaça*.

Cachaça ist das populärste alkoholische Getränk Brasiliens und im ganzen Land bekannt und
verbreitet. Er ist nicht mit Rum zu verwechseln,
da beide nach unterschiedlichen Verfahren destil-
liert werden. Der Ursprung des Wortes *Cachaça*
ist nicht genau bekannt; möglicherweise ist es
spanischer, vielleicht auch afrikanischer Herkunft.
Bekannt ist der Branntwein aus Zuckerrohr seit
der zweiten Hälfte des 16. Jahrhunderts, bereits
im darauffolgenden Jahrhundert war der Begriff
in ganz Brasilien geläufig. Das »Mutterland« Portugal, darauf bedacht, seinen eigenen Weinbrand
zu exportieren, war zunächst nicht mit der Pro-
duktion von *Cachaça* einverstanden. Doch nach
dem Erdbeben von Lissabon im Jahre 1755 durfte
er ohne Auflagen in der Kolonie hergestellt werden. Als Gegenleistung erhob der portugiesische
Hof eine besondere Steuer, mit welcher der Wie-
deraufbau Lissabons finanziert wurde. Die Pro-

duktion stieg, das Destillationsverfahren wurde
verbessert und das Aroma des *Cachaça* verfeinert.
Die unzählige Namen für *Cachaça* werfen immer
auch ein Licht auf den Gemütszustand des Kon-
sumenten: geselliger Gastgeber, verschämter Trin-
ker, Verführer ...

Köstlichkeiten

Der Nordosten besitzt eine ausgeprägte Tradition
der Zubereitung von Süßspeisen. Das Zentrum
ihrer Entwicklung und Verfeinerung lag lange Zeit
in den Klöstern, deren Nonnen die Kunst von den
Portugiesen übernahmen, weiterentwickelten und
mit einer tropischen Note versahen. Die Herstellung von Zuckergebäck trug zum Unterhalt vieler
Frauenklöster bei. Manche Bezeichnungen verweisen noch heute auf den Ursprung der Rezepte
und vermitteln eine Atmosphäre von Frömmig-
keit, in der Essen und Trinken einen Hauch welt-
licher Freuden und Sinnlichkeit darstellten. So
wurden denn die kleinen süßen Köstlichkeiten zu
»Nonnenseufzern« oder »Himmelsspeck«. »Non-
nenküsse«, »Kokos-« und »Ananasküßchen«, »Lie-
besbändchen« und viele andere Anspielungen
brachten den geistlichen Frauen, deren »Beru-
fung« oft nichts anderes war als der Wille des
Vaters, die Tochter eher in ein Kloster einzusper-
ren als in eine nicht standesgemäße Ehe einzuwil-
ligen, ein wenig von den Freuden der Welt außerhalb der Klostermauern. Vielleicht wollten sie
auch ihren Alltag verklären und vergeistigen
durch die Erfindung immer neuer Köstlichkeiten
wie »Creme der Äbtissin«, »Engelshaar«, »Engels-
Pausbäckchen« oder *Quindim,* ein kleines Mei-
sterwerk aus Eiern und Kokosmilch, das mit »Koketterie« übersetzt werden kann.

Einige der unzähligen Süßspeisen werden in
diesem Buch mit Rezepten vorgestellt: die bekanntesten und am weitesten verbreiteten Nach-
tische, *Docinhos* und festliches Kleingebäck, vor
allem solche mit tropischen Früchten, die in Europa käuflich sind. Weil brasilianische Süßspeisen
oft als zu süß empfunden werden, wurde bei man-
chen die Zuckermenge etwas reduziert. Kokos-

milch und Kokosraspel zu ersetzen ist dagegen nicht empfehlenswert, da sie ein wesentliches Element brasilianischer Süßspeisen sind und ihnen einen Hauch Exotik verleihen.

Brasilien ist wie vielleicht kein anderes Land dieser Erde ein Gemisch aus vielen Völkern, sehr unterschiedlichen Kulturen und fast allen klimatischen und ökologischen Gegebenheiten, die alle ihren Beitrag zur »brasilianischen Küche« geleistet haben. In der Vielfältigkeit liegt der Reiz dieses Landes und seiner Menschen, deren Eßgewohnheiten ein Teil ihres Alltags, ihrer Lebensbewältigung und ihrer Lebensfreude sind. Das vorliegende Buch will Vielfalt, Besonderheit und Eigenart der Kochkunst aus den verschiedenen Regionen dieses immensen Landes vermitteln.

Obwohl manche Zutaten außerhalb Brasiliens nicht zu beschaffen sind, bietet die Vielfalt des täglichen Warenangebots in Deutschland, der Schweiz und Österreich doch eine ausreichende Grundlage. Wenn auch das Fehlen typischer Zutaten wie *Caju, Goiaba,* Tamarinde, *Jenipapo, Chuchu, Maxixe* oder Maniok zu Beschränkungen zwingt, so beeinträchtigt es doch nicht die Originalität und den Erfolg der Rezepte.

Typische Zutaten

Früchte

Die Banane ist die bekannteste tropische Frucht. Sie ist von großer wirtschaftlicher Bedeutung und hat einen hohen Nährwert, da sie unter anderem viele Spurenelemente wie Magnesium enthält. Ihr Ertrag pro Hektar ist wesentlich höher als bei der Mehrzahl der kultivierten Pflanzen.

In Brasilien gilt die Banane als beliebteste Frucht; sie wächst in unterschiedlichen Arten, Geschmacksrichtungen und Größen. Die *Banana Dágua* (Wasserbanane) entspricht der in Europa bekannten Art und wird auch *Banana Nanica* (Zwergbanane) genannt, was sich jedoch nicht auf die Größe der Frucht, sondern auf die der Staude bezieht. Die *Banana Prata* wird in Brasilien am häufigsten verwandt; die *Banana Ouro* trägt winzig kleine Früchte von der Größe eines Fingers; die *Banana Maçã* (Apfelbanane) hat einen delikaten Geschmack, sollte aber nur in sehr reifem Zustand gegessen werden. Die härteren *Bananas da Terra* (Kochbananen) werden zwischen 25 und 30 Zentimeter lang und dürfen nicht roh verzehrt werden, sondern erst, nachdem sie etwa 30 Minuten in der Schale gekocht wurden. Als Leckerbissen gelten geschälte und mit wenig Butter bestrichene Kochbananen. In den vorliegenden Rezepten können sie durch handelsübliche, nicht zu reife Bananen ersetzt werden.

Bananen werden in Brasilien in vielfältigen Zubereitungsarten gegessen: roh, gekocht, gebraten, fritiert, (in der Sonne) getrocknet, süß oder salzig, als Nachtisch oder Gemüse, in Puddings und süßen Kuchen, in Aufläufen oder in *Farofas*. Für viele Brasilianer ist sie nicht nur eine Zwischenmahlzeit, sondern eine der Grundlagen ihrer täglichen Nahrung.

Banane
Banana

Brotfrucht *Fruta-pão*	Der immergrüne tropische Brotfruchtbaum trägt glänzende, dunkle Blätter. Die länglichen Früchte, die bis zu fünf Kilogramm schwer werden können, haben eine feste, stachelige, gelb-grüne Schale. Als Nahrungsmittel dienen vor allem die samenlosen Sorten. Brotfrüchte sind eine typische Beilage und werden wie Kartoffeln gekocht.
Cashewnuß *Castanha de Caju*	Cashewnüsse sind die Samen des tropischen Acajou- oder Nierenbaumes *(Anacardium occidentale),* der im Nordosten Brasiliens beheimatet ist. Durch die Portugiesen gelangte er bereits im 16. Jahrhundert nach Afrika und Indien, wo er heute in großen Plantagen angebaut wird. Derzeitiger Hauptproduzent und -exporteur für Cashewnüsse ist Mosambik. In Brasilien sind die Bäume, wildwachsend oder in Plantagen, im gesamten Nordosten anzutreffen, besonders in Ceará.

Die Früchte des Caju-Baumes spielten eine wesentliche Rolle in der Ernährung der Tupí-Indianer: Aus dem Fruchtsaft gewannen sie Wein und verwendeten die Nüsse »wie Brot«. Die Frucht besteht aus einem fleischigen, gelb-roten, birnenförmigen Fruchtboden (Caju-Apfel), der im Grunde ein – wenn auch in ganz frischem Zustand schmackhaftes und vielseitig verwendbares – »Geschwür« darstellt. An ihm sitzt der Samen, die Cashewnuß. Sie enthält 21 Prozent Eiweiß und 47 Prozent Acajou-Öl. Cashewnüsse dürfen nur in geschältem oder geröstetem Zustand verzehrt werden, da die Schale giftiges Gardol enthält, dessen Dämpfe noch beim Rösten stark hautreizend wirken.

In Brasilien finden Cashewnüsse und Fruchtfleisch vielseitige Verwendung. Aus den Früchten bereitet man verschiedene *Doces* und Kompotte zu, mit oder ohne Nüsse. Saft läßt sich ebenso aus ihnen gewinnen wie ein sehr feiner, alkoholarmer Wein, die *Cajuina,* der jedoch nicht lange haltbar ist.

Erdnuß *Amendoim*	Die *Arachis hypogaea* gehört zu den Schmetterlingsblütlern und trägt gelbe Blüten. Die ursprünglich in Brasilien beheimatete Pflanze wird heute überwiegend im Süden der USA, in Afrika,

Indien, China und anderen tropischen Ländern angebaut. Nach dem Abblühen verlängern sich die Fruchtstiele, die Hülsen bohren sich in das Erdreich und reifen.

Ihre Früchte, die Erdnüsse, sind von einer in getrocknetem Zustand bastartigen Hülle umgeben, die je zwei bis drei Kammern enthält. Mit 46 Prozent Fett sowie Eiweiß finden die Nüsse als Grundlage zur Margarineherstellung und als Rohstoff für die Seifenindustrie Verwendung. In Europa sind geröstete und gesalzene Erdnüsse bekannt, in Brasilien hingegen dienen sie, vor allem in der afrobrasilianischen Küche, in gemahlener Form als Zutat für warme Gerichte. In rohem, geröstetem und auch – in einfachem Salzwasser – gekochtem Zustand werden sie auf den Straßen der großen Städte von Straßenhändlern, meist Kindern, zum Verkauf angeboten.

Die Guave *(Psidium guajava),* ein aus dem tropischen Amerika stammender Obstbaum, gehört zur Familie der Myrtengewächse. Ihre Früchte sind gelb-grün und ähneln in ihrer Form einer kleinen Birne. Je nach Farbe des Fruchtfleischs – rosa, weiß oder sogar gelb – haben Guaven einen unterschiedlichen Geschmack. Sie enthalten viele Vitamine, besonders aber Vitamin C, und werden roh gegessen oder zu unzähligen Süßspeisen und Marmeladen verarbeitet.

Guave
Goiaba

Der dem Brotfruchtbaum verwandte Jackfruit-Baum stammt ursprünglich aus Indien und Malaysia. Er wird bis zu 50 Meter hoch und trägt gewaltige Früchte mit einem Gewicht bis zu 25 Kilogramm, die direkt am Stamm wachsen. Das gelbliche, weiche und süße Fruchtfleisch wird roh verzehrt, gekocht oder fritiert. Die großen weißen Samen, deren Geschmack dem von Kastanien ähnelt, werden geröstet.

Jackfruit-Baum
Jaca

Woher die Kokospalme stammt, ist bis heute ungeklärt. Zur Zeit der spanischen Eroberung wuchs sie in Amerika vor allem an der Pazifikküste und

Kokosnuß
Coco

auf den vorgelagerten Inseln. Die Kokospalme *(Cocos nucifera)*, die man heute im tropischen Küstenbereich antrifft, wird bis zu 30 Meter hoch. Fast alle Teile des Baumes können verwandt werden: der Stamm zum Bau von Hütten und Booten; die Palmblätter zum Abdecken der Hütte; die Fasern zur Herstellung von Textilien, Bastmaterial und Seilen; die Früchte zur Gewinnung von Fett und Kokosnußöl; das Öl als Grundlage für eine besondere Seife.

Die Nuß wird auf verschiedenerlei Weise zubereitet. Das überaus gesunde Wasser aus den grünen Nüssen – nicht mit Kokosmilch zu verwechseln – ist als Erfrischung sehr geschätzt. Je reifer die Nuß, desto weniger Flüssigkeit enthält sie und desto süßer ist das Wasser *(Água de Coco)*.

Kokosöl ist nicht nur in der Küche zu finden, sondern dient auch zur Beleuchtung; die trockenen Kokosschalen werden als Gefäße genutzt. Aus der Palme wird zudem Wein, Essig und Honig gewonnen. Die ersten brasilianischen Kokosnüsse kamen von den Kapverdischen Inseln nach Bahia. Schon in den ersten Jahrzehnten nach der »Entdeckung« verbreiteten sie sich an der gesamten Küste des Nordostens, die den Namen Coco da Bahia oder Coco da India trägt. Heute kann man sich die Küste nicht mehr ohne die endlosen Kokospalmenhaine vorstellen, die zum Symbol der tropischen Landschaft Brasiliens geworden sind. Obwohl Kokosmilch vor allem in der afrobrasilianischen Küche verwendet wird, hat sich die Kokosnuß in Afrika nicht durchgesetzt. Die Afrikaner bevorzugen das Öl der Dendê-Palme.

In Europa ist Kokosmilch in afrikanischen und asiatischen Läden zu kaufen. Die im Handel erhältlichen Kokosraspel haben nicht dieselbe Qualität wie in Brasilien; sie sind zu trocken, ohne viel Geschmack und entsprechen nur entfernt der frischgeraspelten Kokosnuß.

200 bis 250 Milliliter Kokosmilch gewinnt man, indem man das Fruchtfleisch einer Kokosnuß reibt oder im Mixer zerkleinert, die Raspeln mit $1/2$ Liter kochendem Wasser übergießt und 20

bis 30 Minuten ziehen läßt. Anschließend wird die Masse portionsweise sehr fest durch ein Tuch gepreßt. Die entstehende weiße, dickliche Flüssigkeit wird als Zutat für viele gesalzene und süße Gerichte verwendet. Sie sollte nicht getrunken werden, da sie sehr fetthaltig ist. Ist keine frische Kokosnuß vorhanden, können 250 Gramm Kokosraspel verwendet werden, die statt Wasser mit heißer Milch übergossen werden.

Limone
Limão

Die Limone *(Citrus limon)* ist kleiner und rundlicher als die in Europa bekannte Zitrone, ihre Schale dünner und grün. Sie enthält mehr und aromatischeren Saft und eignet sich vorzüglich für die Herstellung von *Batidas,* das bei den Brasilianern besonders beliebte Getränk aus Zuckerrohrschnaps. Sie lassen sich durch Zitronen ersetzen.

Mango
Manga

Der Mangobaum *(Mangifria indica)* zählt zur Familie der Anacardiengewächse. Seine Früchte sind etwa handgroß, haben eine dünne, aber feste grünlich-gelbe oder gelb-rote Schale, ein kräftig gelbes, faseriges Fruchtfleisch von köstlichem Aroma und einen großen, länglichen Kern. Sie sind reich an Vitamin A und C, Calcium und Eisen.

Mangos waren ursprünglich in Indien beheimatet und wurden durch die Portugiesen nach Brasilien gebracht, wo sie vorzüglich gediehen. Heute sind die großen, weitausladenden Mangobäume mit ihrem dichten, dunkelgrünen Laub typisch für die Landschaft des Nordostens.

Zwei der zahlreichen Arten sind heute in Brasilien im Handel zu finden: die *Manga espada,* die eine grünlich-gelbe Schale hat, etwas herber schmeckt und recht saftig ist, und die gelb-rote Manga rosa, deren schnittfestes, delikat schmeckendes Fruchtfleisch fast keine Fasern enthält.

Papaya
Mamão

Die Papaya als Frucht des Melonenbaumes *(Carica papaya)* gehört zur botanischen Familie der Feigen. Sie ähnelt einer länglichen Melone und wächst in einer Traube von Früchten direkt am Stamm. Die Früchte sind 25 bis 30 Zentimeter lang und werden überall in Brasilien als Obst oder – in einigen Gegenden – in grünem, unreifem Zustand als Gemüse gegessen.

Die reifen Früchte sind außen gelblich-grün, das Fleisch hat eine goldgelbe bis orange Farbe. Das große Gehäuse umschließt eine Handvoll schwarzer Kerne, die jedoch nicht eßbar sind. Die Früchte sind reif, wenn sich die Schale gelb-grün färbt, nachdem man sie mit dem Finger leicht eindrückt.

Man löffelt das Fruchtfleisch oder ißt Papayas wie Melonen. Sie sind sehr kalorienarm, aber reich an Vitamin A.

Paranuß
Castanha do Pará

Die Paranuß trägt den Namen ihrer Heimat, des Staates Pará im Amazonasgebiet. Der Paranuß-Baum *(Bertholletia excelsa),* auch Brasilnuß-Baum genannt, gehört zur Familie der Myrtaceen.

Die Früchte wachsen in orangengroßen, dunkelbraunen Kugeln mit einer harten, hölzernen Schale, in der die Paranüsse ähnlich den Schnitzen einer Orange angeordnet sind. Sie sind ausgesprochen fetthaltig (etwa 65 Prozent), und auch ihr Protein- und Eiweißgehalt ist sehr hoch.

In den vorliegenden Rezepten lassen sie sich durch Mandelsplitter ersetzen.

Passionsfrucht
Maracujá

Die *Maracujá* ist die kürbisähnliche Frucht einer lianenartigen Kletterpflanze, die zur Gattung der Passionsblumengewächse gehört. Die Früchte haben eine glatte, gelbliche oder rotbraun gesprenkelte Schale, die in reifem Zustand runzlig aussieht, und sind von der Größe einer kleinen Orange. Das große Kerngehäuse enthält ein bis zwei Eßlöffel kleiner schwarzer Kerne, die von einer säuerlichen, geleeartigen Schicht umgeben sind. Aus ihnen gewinnt man den aromatisch-fruchtigen Maracuja-Saft: Das Kerngehäuse wird mit einem Löffel ausgeschabt und die Masse mit wenig Zucker und Wasser kräftig mit der Gabel oder im Mixer geschlagen, damit sich die Kerne von der

Geleeschicht trennen. Anschließend gießt man die Flüssigkeit durch ein Sieb, da die Kerne nicht eßbar sind. Die Früchte sind reich an natürlicher Fruchtsäure und den Vitaminen A und C.

Gemüse

Die Chayote *(Sechium edule)* ist ein Kürbisgewächs des tropischen Amerika, dessen Frucht in ihrer Form einer länglichen Birne ähnelt. *Chuchu* haben eine hellgrüne, leicht stachelige Schale, ähnlich der einer Gurke. Das im Geschmack neutrale Fruchtfleisch wird als Gemüse gegessen. In Salzwasser gekocht, wird es in vielen Variationen verfeinert oder zu Soufflés verarbeitet.

Chayote
Chuchu

Der brasilianische *Couve Mineira* entspricht nicht dem uns bekannten grünen Kohl. Seine Blätter sind fester, glatt und von dunklem Grün. *Couve Mineira* findet man vor allem in Minas Gerais, São Paulo und Rio de Janeiro, wo er eine unentbehrliche Beilage für die *Feijoada completa* darstellt.

Couve Mineira

In den vorliegenden Rezepten läßt er sich durch Broccoli, Blumenkohl- oder Kohlrabiblätter ersetzen.

Die Maniokpflanze *(Manihot esculenta)*, auch Manioka oder Kassave genannt, zählt zu den Wolfsmilchgewächsen des tropischen Regenwaldes und wird zur Stärkegewinnung angebaut. Bereits vor dem Eintreffen der europäischen Kolonisatoren hatte sich der Maniok von Brasilien aus über Südamerika, Mexiko und die Antillen verbreitet; durch die Portugiesen gelangte er auch nach Afrika.

Maniok
Mandioca

Die Knollen der bitteren Pflanze sind in rohem Zustand nicht genießbar, da sie einen blausäurehaltigen Saft enthalten. Die südamerikanischen

Indianer entwickelten jedoch eine Methode, durch Auspressen der zermahlenen Wurzelknollen mit Hilfe geflochtener Schläuche und anschließendes Rösten das Gift zu extrahieren.

Maniokmehl wird vor allem in Form von Brei oder Fladenbrot gegessen, es wird jedoch auch zu einem anregenden Getränk, dem *Kaschiri*, verarbeitet.

Maniok wird in Rio de Janeiro und Bahia *Aipim*, im Nordosten *Macaxeira* genannt.

Okraschote
Quiabo

Die Okra *(Abelmoschus esculentus)* ist eine asiatische Malvengewächsart, die im Mittelmeergebiet und in den Südstaaten der USA kultiviert wird. Ihre Früchte sind hellgrüne, sechskantige, etwa zehn Zentimeter lange Schoten, die denen der Peperoni ähneln. Im Geschmack sind sie mild und bohnenähnlich; sie werden in Salzwasser gekocht und als Gemüse oder Salat gegessen. Beim Kochen werden sie sehr weich und sondern etwas Schleim ab, das Kochwasser wird daher abgegossen. Okraschoten sind kalorienarm und enthalten reichlich Vitamin A und C sowie Mineralstoffe.

Gewürze

Cheiro Verde

Neben Salz und Pfeffer bilden Knoblauch und gemahlener Kreuzkümmel *(Cominho)* in der brasilianischen Küche die Würzgrundlage vieler Gerichte. Unverzichtbar ist auch *Cheiro Verde*, eine Kräutermischung, die zwar regional verschieden ausfällt, zu deren Grundbestandteilen jedoch die frischen Blätter von Petersilie, Schnittlauch, Koriander und Pfefferminze bzw. grüner Minze gehören.

Cheiro Verde wird oft als Bund mitgekocht und vor dem Servieren entfernt. Das fertige Gericht wird zusätzlich mit frischen Kräutern bestreut.

Koriander findet im deutschsprachigen Raum nur in Form gemahlener Samen als Fleisch- und Saucenwürze Verwendung. In Brasilien hingegen gehören frische Korianderblätter als unentbehrliche Zutat zu Fisch- und Krabbengerichten sowie zu einigen exotischen Gemüsen. Sie verleihen den Speisen einen eigenen Geschmack, der nicht durch gemahlenen Koriander erreicht werden kann.

Koriander läßt sich wie Petersilie selbst ziehen. Auch seine Blätter ähneln denen der Petersilie. In den vorliegenden Rezepten sind Korianderkörner kein Ersatz für die frischen Blätter, man sollte lieber darauf verzichten.

Koriander
Coentro

Pfeffer ist überaus gesund und eine ausgezeichnete Vitamin-C-Quelle; er gehört zu den Pflanzen, die am meisten Ascorbinsäure enthalten, und wirkt verdauungsfördernd. In Brasilien wird gewöhnlicher schwarzer und weißer Pfeffer – oft mit gemahlenem Kreuzkümmel vermischt – ebenso benutzt wie *Pimenta Malagueta*.

Der in den Rezepten genannte Malaguetta-Pfeffer läßt sich durch frische Chilis oder scharfe Peperonis ersetzen.

Malaguetta-Pfeffer
Pimenta Malagueta

Frische Pfefferminze wächst zwar auch in Europa, wird dort jedoch vor allem für Tees gebraucht. Ihre ätherischen Öle sind als Geschmacks- und Aromastoffe in Süßwaren, Likör, Kaugummi, Zahnpasta und Mundwasser bekannt, nicht jedoch als Zutat für gekochte Gerichte. Als Speisewürze kennt man sie hingegen auch in England und in den USA. Grüne Minze wächst ebenfalls in Mitteleuropa, ist jedoch weniger bekannt.

Pfefferminze
Hortelã

Getränke

Cachaça

Cachaça ist ein gebrannter Schnaps, der vor allem aus Zuckerrohr hergestellt wird. In Brasilien wird er in verschiedenen Qualitäten und Preislagen angeboten, inzwischen ist er auch in der Bundesrepublik erhältlich. Er läßt sich durch Korn ersetzen.

Kaffee
Café

Als Ursprungsland des Kaffees gilt Äthiopien. Vermutlich Franzosen führten ihn in Europa ein; bereits vor 1700 bauten sie ihn in der Karibik an. 1727 schmuggelte Francisco de Melo Palheta den Samen oder einen Setzling aus Martinique nach Brasilien und pflanzte ihn in Pará. Fünf Jahre später wurden die ersten sieben Pfund *(Libras)* Kaffee nach Lissabon exportiert, 1750 waren es bereits 4855 Arrobas – eine Arroba entspricht 15 Kilogramm. Kaffeekulturen wurden in Maranhão, Ceará und um 1760 in Rio de Janeiro angelegt. Während des 19. Jahrhunderts weitete sich der Anbau im Süden stark aus, insbesondere in São Paulo, wo er zur größten Quelle landwirtschaftlichen Reichtums wurde. Heute ist der Süden das größte Kaffeeanbaugebiet der Erde. Schon vor 1850 deckte der brasilianische Kaffee-Export die Hälfte der Weltproduktion.

Kakao
Cacau

Kakaobäume wurden bereits zu Anfang des 12. Jahrhunderts in Mexiko angebaut und deren Früchte zu Getränken und in Nahrungsmitteln verarbeitet. Um 1520 brachten die Spanier die Pflanze in ihre Heimat, und bis zur Mitte des 17. Jahrhunderts wurde sie auch in den anderen europäischen Ländern bekannt. Die Herstellung von Kakaopulver erlangte jedoch erst zu Beginn des 19. Jahrhunderts größere Bedeutung, nachdem ein Verfahren zur Entölung des Pulvers entwickelt worden war. Die ersten Kakaobäume wurden Mitte des 18. Jahrhunderts aus dem Amazonasgebiet nach Bahia gebracht, wo er noch heute vorwiegend angebaut wird. Brasilien zählt, neben Ghana und Nigeria, zu den drei wichtigsten Exporteuren von Kakao. Die Hauptanbaugebiete liegen in den tropischen und regenreichen Gebieten zwischen den 13. Breitengraden nördlich und südlich des Äquators.

In einem langwierigen und komplizierten Prozeß, bei dem die Samen zum Gären gebracht, getrocknet und gemahlen werden, wird zunächst Rohkakao gewonnen, der die Grundlage zur Herstellung von Kakaopulver und -butter bildet. In Brasilien wird neben den Bohnen auch das Fruchtmus zur Herstellung von schmackhaften Säften, Gelee und Marmelade verwendet.

Die am häufigsten angebaute Art des Kakaobaums *(Theobrama cacao)* ist das Ergebnis langjähriger Züchtung und Kreuzung verschiedenster Sorten. Ein ausgereifter Baum liefert etwa alle sechs Wochen vierzig bis fünfzig Früchte, so daß während des ganzen Jahres geerntet wird, allerdings mit unterschiedlichen Erträgen in den Sommer- und Wintermonaten.

Die Früchte des Kakaobaumes sind etwa 25 Zentimeter lang und länglich-oval; sie haben eine feste, lederartige, grüne Schale, die in reifem Zustand gelb oder rotbraun wird. Die einzelnen Kakaobohnen sind von rötlich-braunem Fruchtmus umhüllt und in fünf Längsreihen zu je 25 bis 50 Bohnen im Inneren der Frucht angeordnet. Diese Samen werden in Brasilien als »Mandeln« bezeichnet. Kakaobohnen enthalten Theobramin, eine dem Coffein ähnliche, leicht anregend wirkende Substanz, sowie 52 Prozent Fett.

Andere Zutaten

Carne seca

Einzigartig in Brasilien und für eine fremde Zunge im ersten Augenblick ungewöhnlich ist das gesalzene und in der Sonne getrocknete Fleisch. *Charque de Vento* besteht aus den guten Stücken des Rindfleischs und wird mit wenig Salz im Schatten und an der Luft getrocknet. *Charque salgado* oder *Carne seca* – gesalzenes und an der Sonne getrocknetes Rindfleisch – ist das einzige Trockenfleisch, das exportiert wird. Als *Charque novo* bezeichnet man das Fleisch, das erst wenige Tage eingesalzen ist; noch sehr zart, wird es auch für *Churrasco* verwendet.

Regional unterschiedliche Bezeichnungen für *Charque* sind *Carne seca, Carne do Ceará* und *Carne do Sertão*. Im Amazonasgebiet nennt man das Trockenfleisch auch *Jabá*.

In den vorliegenden Rezepten läßt sich *Carne seca* durch Kasseler ersetzen.

Creme de Leite

Creme de Leite ist relativ fest und hat einen intensiveren Eigengeschmack als Sahne. Sie dient zur Verfeinerung von Saucen und anderen Speisen aus Rind-, Schweine- oder Hähnchenfleisch sowie Fisch und Krabben. Als Ersatz bietet sich bei süßen Speisen geschlagene süße Sahne, bei gesalzenen Gerichten saure Sahne oder Crème fraîche an. Geeignet ist die in kleinen Papp-Packungen angebotene ungezuckerte Kondensmilch, die im Geschmack der *Creme de Leite* ähnelt.

Klippfisch
Bacalhau

Der Kabeljau ist der wichtigste der zum Kochen verwendeten Meerestiere aus der Familie der Schellfische und zwischen dem 40. und 75. Grad nördlicher Breite beheimatet. Die Portugiesen brachten ihn nach Brasilien, wo er seither einen festen Platz auf den Speisezetteln hat. Der bis zu 70 Kilogramm schwere und bis zu 1,5 Meter lange Kabeljau ist ein Raubfisch, der sich von Heringen, größeren Krebsen, Tintenfischen und ähnlichem ernährt. Norwegen exportiert entgräteten und getrockneten Kabeljau als Stockfisch, den entgräteten, gesalzenen und erst dann getrockneten Kabeljau als Klippfisch in die Mittelmeerländer, nach Westafrika und Südamerika.

Gezuckerte Kondensmilch
Leite Condensado

Gezuckerte Kondensmilch ist zwar in Europa erhältlich, findet aber in der deutschen Küche so gut wie keine Verwendung. In Brasilien ist sie wichtiger Bestandteil unzähliger Gerichte, vor allem von Süßspeisen wie Cremes oder Puddings, von Eis und Getränken. Geburtstags-*Docinhos* wären ohne sie nur halb so schmackhaft.

Um gezuckerte Kondensmilch zu erhalten, $1/2$ Liter Milch und 300 Gramm Zucker etwa 10 Minuten kochen. $1/2$ Liter Milch mit 1 Eßlöffel Stärkemehl und 1 Päckchen Backpulver vermischen und der heißen Milch zugeben. Unter ständigem Rühren die Milch so lange weiterkochen, bis sie gelblich und eingedickt ist.

Krabben
Camarões

Um die in den Rezepten genannten getrockneten Krabben zu erhalten, gefrorene Krabben auftauen, salzen und im Ofen bei 50° einige Stunden langsam trocknen.

Lingüiça

Die kräftige *Lingüiça* kann in den vorliegenden Rezepten durch spanische *Chorizos, Cabanos,* Mettendchen von guter Qualität oder frische Krakauer ersetzt werden.

Palmöl
Azeite de Dendê

Die portugiesischen Kolonisatoren brachten die Dendê-Palme *(Elaeis Guineensis)* aus Afrika nach Brasilien. Sie paßte sich vorzüglich den klimatischen Bedingungen des Landes an und ist heute vor allem an der Nordostküste zu finden, wo sie größtenteils wild wächst. Ihr Öl ist sehr reich an Provitamin A: Jeder Kubikzentimeter enthält 1000 bis 3000 Einheiten Beta-Karotin. Ein Teelöffel Palmöl deckt den Tagesbedarf des menschlichen Körpers an Vitamin A.

Dem ständigen Genuß von Palmöl ist es zu verdanken, daß die Baianos über gesunde Zähne verfügen. Auch die vergleichsweise niedrige Rate an Lepra-Erkrankungen läßt sich darauf zurückführen. Obwohl die Dendê-Palme in ganz Nord-Nordost-Brasilien bekannt ist, wird das Öl vor allem in Bahia – der Stadt Salvador und Umgebung – verwendet. Die sogenannten *Comidas de Azeite* (Palmöl-Gerichte) sind Teil des afrikanischen Erbes und unerläßlicher Bestandteil afrobrasilianischer Rituale wie des Candomblé, der seine Hochburg in Bahia hat.

Das rötliche Palmöl wird nicht nur als Speiseöl verwendet, sondern findet auch als Treibstoff und in der Eisen- und Stahlindustrie Verwendung, wo es als Schmiermittel für die Walzstraßen dient, darüber hinaus in der Seifenfabrikation und der Margarineherstellung. Die Nüsse werden roh oder in Salzwasser gekocht verzehrt. Die Afrikaner stellen einen schmackhaften Dendê-Wein her.

◆

Typische Gerichte
Pratos Completos

◆

Feijoada

Das verwendete Rindfleisch sollte nicht zu fett sein, braucht aber nicht die beste Qualität zu haben: Man kann Suppen- oder Bauchfleisch verwenden. Wichtig ist das geräucherte Fleisch, ein gutes Stück Kasseler, dicke Rippe etc. Es empfiehlt sich, einen großen Teil des Fetts vom Kasseler abzunehmen, damit die Feijoada nicht zu schwer wird. Unerläßlich ist eine kräftige Wurst (spanische Cabanos, Mettendchen von guter Qualität, auch frische Krakauer), die als Ersatz für die Lingüiça de Porco dienen kann, die in Mitteleuropa unbekannt ist. Schweinefüßchen, -öhrchen und -schwänzchen sind nicht zum Verzehr gedacht, sondern sollen der Feijoada einen besonderen Geschmack verleihen und die Brühe sämiger machen. Sie sollten kurz abgebrüht werden, bevor man sie in die Feijoada gibt. Für eine gute Feijoada ist dreierlei zu beachten:

▷ *Das Fleisch sollte über Nacht in einer Marinade liegen.*

▷ *Die Bohnen müssen viele Stunden langsam kochen, damit die Brühe sämig wird.*

▷ *Die Beilagen sollten nicht vernachlässigt werden: eine ausgezeichnete Farofa, Orangenscheiben, eine sehr scharfe Pfeffersauce (Seite 109), eine Batida (Seite 191).*

◆ Für die Marinade Essig, zerdrückten Knoblauch, 2 TL Salz und 2 TL Pfeffer miteinander vermischen und die verschiedenen Fleischsorten über Nacht darin einlegen. Die Bohnen in reichlich Wasser ebenfalls über Nacht einweichen.

Am nächsten Tag in einem großen Topf in etwas Öl zwei gehackte Zwiebeln und drei zerdrückte Knoblauchzehen anbraten, die Bohnen mit ihrem Einweichwasser zugeben und etwa anderthalb Stunden bei niedriger Temperatur kochen. Wenn nötig, weiteres Wasser zugießen.

In einem zweiten Topf in Öl die restlichen in Ringe geschnittenen Zwiebeln, die restlichen zerdrückten Knoblauchzehen und Lorbeerblätter andünsten, bis die Zwiebelringe weich und glasig sind. Eine geschälte Orange während des Kochvorgangs in den Topf legen – so vermindert sich der Fettgehalt. Die verschiedenen Fleischsorten in der oben angegebenen Reihenfolge zufügen – etwa alle 10 Minuten die nächste Sorte, mit der Schweinelende auch Schweinefüßchen, -öhrchen und -schwänzchen. Dabei auf die verschiedenen Garzeiten des Fleisches achten: Rindfleisch und Zunge benötigen länger als Kasseler etc. Alles schmoren, bis das Fleisch sehr weich ist, jedoch nicht zerfällt. Nach etwa anderthalb Stunden das Fleisch, die Würstchen und die anderen Zutaten in den Bohnentopf geben und alles nochmals eineinhalb bis zwei Stunden bei schwacher Hitze kochen, dabei gelegentlich mit dem Holzlöffel umrühren. Nach Geschmack mit Kreuzkümmel, Salz und Pfeffer nachwürzen. Die Bohnen müssen weich sein, dürfen aber nicht zerkochen, die Brühe soll reichlich und sämig sein – wobei darauf zu beachten ist, daß die Feijoada keine Suppe ist.

Beilagen: Reis, Farofa, geschälte Orangenstückchen und Couve Mineira (Seite 113); unbedingt eine sehr scharfe Pfeffersauce (Seite 109); eventuell Kopf-, Tomaten- oder Zwiebelsalat (Seite 123)

Variante:
Schweinefüßchen, -öhrchen und -schwänzchen durch 500 g geräucherte Rippchen ersetzen.

Große Feijoada
Feijoada Completa

am Vortag beginnen
für 10 Personen

$1^{1}/_{2}$ kg schwarze oder braune
  Bohnen
500 g Suppenfleisch
1-2 Schweinszungen
  (eventuell geräuchert)
500 g Carne seca
500 g Schweinelende
150 g geräucherter Speck
750 g Lingüiça
1 Schweinefüßchen
1 Schweineöhrchen
1 Schweineschwänzchen
Öl
6 Zwiebeln
8 Knoblauchzehen
3 Lorbeerblätter
1 Orange
gemahlener Kreuzkümmel

für die Marinade:
3 EL Weinessig
2 Knoblauchzehen

Drei afrobrasilianische Gerichte

Das hier vorgestellte »Trio« der afrobrasilianischen Küche gilt als für die Stadt Salvador da Bahia und ihre nähere Umgebung besonders typisch und zugleich als besonders exotisch. Die drei Gerichte Vatapá, Caruru und Efó, deren Rezepte im folgenden beschrieben werden, werden im allgemeinen mit verschiedenen anderen afro-bahianischen Speisen angeboten: Moquecas aus Fisch und/oder Krabben, Arroz de Haussá, Farofa de Dendê und gebratenen Kochbananen, das heißt mit sogenannten Comidas de Azeite, die alle mit Dendê-Öl zubereitet werden.

Vatapá

für 8 Personen

1 Weißbrot (750 g)
500 g Zwiebeln
4 Knoblauchzehen
1 Bund Korianderblätter
1 Bund Petersilie
1 cm Ingwerwurzel
200 ml Kokosmilch
150 g Erdnüsse
150 g Cashewnüsse
150 g getrocknete Krabben
1/2 Tasse Pflanzen- oder
   Olivenöl
2 Tassen Palmöl
frische Krabben

Vatapá ist eines der bekanntesten afrobrasilianischen Gerichte. Obwohl er sehr populär ist und in Bahia seinen Ursprung hat, ist er dennoch kein alltägliches Essen.

◆ Zwiebeln, Knoblauch, Koriander, Petersilie, Ingwer, 1 EL Salz und 1 TL Pfeffer im Mixer zerkleinern. Das Brot in der mit Wasser verdünnten Kokosmilch einweichen, im Mixer pürieren oder durch ein Sieb passieren. Erdnüsse, Cashewnüsse und Krabben ebenfalls im Mixer zerkleinern.
In einem großen, hohen Topf Pflanzenöl erhitzen und die Gewürze darin kurz anbraten. Die Brotmasse hinzufügen und unter ständigem Rühren die Nuß-Krabben-Mischung dazugeben. Palmöl zugießen und alles unter ständigem Rühren bei schwacher Hitze etwa 30 Minuten kochen, bis die Masse sich vom Topfboden zu lösen beginnt. Eventuell nachwürzen.
Damit sich keine Haut auf dem Vatapá bildet, 2 bis 3 EL Palmöl über das fertige Gericht geben.
Mit einigen frischen Krabben garniert servieren.
Beilage: Unerläßlich ist eine scharfe bahianische Pfeffersauce (Seite 109), die man jedoch nicht dem Gericht zufügt, sondern getrennt reicht.

Varianten:
▷ Das Weißbrot kann durch Weizen-, Mais- oder Reismehl ersetzt werden.

▷ Der Vatapá läßt sich mit einem Fischkopf-Sud verfeinern: Dazu einen Fischkopf in $^{1}/_{2}$ l Wasser kochen, bis sich die Flüssigkeit auf die Hälfte reduziert hat. Ersatzweise drei bis vier zerdrückte Ölsardinen oder eine Handvoll frischer Krabben hinzufügen. Eine echte Baiana gibt einen Sud zu, in dem ein Fischkopf, Krabbenschalen und -köpfe ausgekocht wurden.

Caruru war ursprünglich der Name einer Gemüseart, mit der dieses Gericht zubereitet wurde.

◆ Zwiebel und zerdrückten Knoblauch in 3 EL Palmöl kurz anbraten. Die sehr klein geschnittenen Okras zufügen und mit einigen Tropfen Zitronensaft beträufeln, damit sie keinen Schleim absondern.
1 Tasse Palmöl sowie $^{1}/_{2}$ Tasse Wasser mit Krabben, Erdnüssen und Pfeffer mit einem Holzlöffel vermischen, den Okras beigeben. Alles zum Kochen bringen und etwa 20 Minuten weich werden lassen – der Caruru ist fertig, wenn die Kerne der Okras sehr weich sind und sich rosa färben.
Beilagen: Reis und Pfeffersauce (Seite 109)

Varianten:
▷ Der Nuß-Krabben-Mischung können auch 100 g frische Krabben beigegeben werden.
▷ Den Caruru nach Belieben mit wenig Maniok- oder Maismehl eindicken.
▷ In Sergipe wird Caruru mit Kokosmilch und wesentlich weniger Palmöl zubereitet.

Caruru

für 8 Personen

1 kg Okras
1 große, gehackte Zwiebel
2 Knoblauchzehen
Palmöl
Zitronensaft
250 g getrocknete, gemahlene
   Krabben
50 g gehackte Erdnüsse

Efó

für 8 Personen

1 kg frischer Spinat
3 gehackte Zwiebeln
2 Knoblauchzehen
Palmöl
$\frac{1}{2}$ Ingwerwurzel
1 Bund Cheiro Verde
100 g Cashewnüsse
100 g Erdnüsse
200 g getrocknete, gemahlene
   Krabben
1 Tasse Palmöl

Efó war ursprünglich der Name eines Blattgemüses; das Gericht wurde nur damit zubereitet. Heutzutage kann man verschiedene Blattsorten, bis hin zu Senfblättern, verwenden. Der populärste Efó wird mit Taioba-Blättern gekocht.

◆ Spinat kochen und zerkleinern. Erneut kurz aufkochen und in einem Sieb abtropfen lassen. Zwiebeln und zerdrückten Knoblauch in etwas Palmöl kurz anbraten. Spinat, kleingeschnittenen Ingwer und gehackten Cheiro Verde hinzufügen, pfeffern und salzen. Nüsse und Krabben mahlen und dem Spinat beigeben. Palmöl zufügen, eventuell nachwürzen und nochmals aufkochen.
Beilage: weißer Reis (Seite 135)

Varianten:
▷ Der frischen Spinat durch tiefgekühlten ersetzen.
▷ 100 g frische Krabben mit den Nüssen und Krabben mahlen und zugeben.

Churrasco

Der Churrasco hat sich vom Rio Grande do Sul über ganz Brasilien verbreitet. Er entstand aus der Notwendigkeit der Gaúchos, sich während der langen Zeit, die sie mit den Viehherden auf der Suche nach neuen Weideplätzen unterwegs waren, zu verpflegen. Heute findet man im ganzen Land, bis in die kleinsten Orte, sogenannte Churrascarias. Der dort angebotene Churrasco hat jedoch mit dem ursprünglichen der Gaúchos außer dem Namen nicht mehr viel gemein, sondern entspricht dem hier beschriebenen Churrasco misto.

Eine andere Art, Churrasco zu essen, stellt der Churrasco de Rodízio dar. Rodízio kommt von dem Wort »rodar« und bedeutet »kreisen« im Sinne von ständiger Wiederholung: Das gegrillte Fleisch kreist solange unter den Gästen, bis auch der letzte erschöpft ablehnt. Zum Churrasco de Rodízio werden eine Unmenge von Salaten, Farofa und sonstige Beilagen gereicht.

◆ Für die Marinade alle Zutaten miteinander vermischen, abschmecken – sie soll sehr würzig sein – und die Fleischstücke über Nacht darin einlegen.

Am nächsten Tag die einzelnen Fleischsorten in großen Stücken voneinander getrennt auf Metallspieße stecken und unter ständigem langsamen Drehen grillen. Während des Grillens das Fleisch gelegentlich mit Salzlake beträufeln.

Das fertig gegrillte Fleisch portionsweise vom Spieß schneiden und sehr heiß servieren: die Lingüiças als Vorspeise, dann Hähnchen, Schweinefleisch und schließlich Rindfleisch.

Beilagen: Salate und Farofa, als Getränk eine Batida (Seite 191)

Verschiedene Fleischsorten am Spieß
Churrasco Misto

am Vortag beginnen
für 8-10 Personen

500 g Lingüiça
1 Hähnchen mit Innereien
    (Herz, Magen, Leber)
1 kg Schweinelende
1 kg Rinderlende

für die Marinade:
125 ml Weinessig oder
    Wasser
1 Zitrone (Saft)
3-4 gehackte Zwiebeln
3-4 gehackte Knoblauch-
    zehen
25 g grobes Salz
gehackter Schnittlauch
gehackte Petersilie
Oregano
Pfeffer
nach Geschmack: frischer
    Majoran, frische Minze

Spießbraten auf Gaúcho-Art
Churrasco Gaúcho

Rindfleisch
grobes Salz

◆ In Brasilien verwendet man dazu nur gutes Rindfleisch in großen Mengen, das kurz vor dem Grillen mit grobem Salz eingerieben wird.

Man hebt eine Vertiefung im Erdboden aus und errichtet darüber aus Astgabeln ein Gestell, in dem ein Holzspieß, auf dem das ganze Fleisch an einem Stück aufgespießt wird, hängen kann. Darunter wird ein kräftiges Feuer aus Holzscheiten angezündet. Ist das Feuer zu einer starken Glut zusammengefallen, grillt man das Fleisch langsam und nicht zu dicht an der Glut – das Fleisch sollte 50 bis 60 cm vom Feuer entfernt sein. Die Fettseite des Fleisches sollte nicht zu lange gebraten werden, damit das flüssige Fett nicht ins Feuer tropft. Der Spieß wird nicht vom Feuer genommen, wenn das Fleisch fertig ist, sondern die gegrillten Fleischstücke werden über dem Feuer abgeschnitten und der Rest weitergebraten.

Beilagen: Farofa und Zwiebelsalat (Seite 123)

Variante:
Statt das Fleisch mit Salz einzureiben, kann man es auch während des Grillens gelegentlich – mit Hilfe eines Kräuterbüschels – mit einer Salzlake bestreichen.

Die in Amerika heimischen Puten oder Truthühner bilden eine Unterfamilie der Hühnervögel. In präkolumbischer Zeit waren sie bei den Indianern Mittelamerikas neben dem Hund das einzige Haustier. Sie wurden als Schlacht- und Opfertiere bei Fruchtbarkeitszeremonien verwendet. Um 1520 brachten die spanischen Kolonisatoren die ersten Puten nach Spanien und damit nach Europa.

Das Truthuhn ist auch heute noch vor allem im Süden der USA und in Mexiko beheimatet, jedoch im Gegensatz zu früher kaum noch freilebend anzutreffen. Sie werden vor allem in Geflügelfarmen gezüchtet. Schwere Truthähne können ein Gewicht von mehr als 22 Kilogramm und eine Größe von etwa 110 Zentimeter erreichen.

Ein im Backofen gebratener Truthahn ist in Brasilien Bestandteil eines großen Festessens. Zu besonderen Anlässen wie Hochzeiten oder Geburtstagen, zu Weihnachten und Silvester oder ähnlichen feierlichen Gelegenheiten werden Puten meist in den zwei ersten der hier beschriebenen Zubereitungsarten (Peru à Brasileira und Peru recheado) serviert. An dem dem Festessen folgenden Tag bereitet man aus den Resten ein Escaldado de Peru.

Puten

Pute auf brasilianische Art
Peru à Brasileira

am Vortag beginnen
für 8 Personen

1 Pute (4-5 kg)
1/2 Zitrone
500-600 g durchwachsener
    Speck
nach Geschmack: Weißwein

für die Marinade:
1/2 l Weißwein
5-6 geriebene Zwiebeln
6-8 zerdrückte Knoblauch-
    zehen
4-5 EL Salz
1 TL Pfeffer
1/2 TL gemahlener Zimt
1/2 TL Gewürznelkenpulver

zum Garnieren:
2-3 Orangen
6-8 Ananasscheiben
6-8 Trockenpflaumen ohne
    Steine

◆ Für die Marinade alle Zutaten miteinander vermischen. Die Pute mit der Zitrone innen und außen abreiben, mit einer Gabel tief einstechen. Mit der Marinade einreiben, die Haut etwas lockern, anheben und Marinade tief und reichlich einträufeln. Die Pute über Nacht, besser noch 24 Stunden, in der Marinade einlegen.

Die Pute vor dem Braten mit dem in dünne Scheiben geschnittenen Speck belegen, mit Zahnstochern befestigen – besonders die Putenbrust damit bedecken und eventuell spicken. Die Pute ohne Flüssigkeit in eine eingefettete Backpfanne legen, die Brust nach oben. 1 Tasse Wasser in den Ofen stellen. Bei 250° etwa eine Stunde braten. Die Pute mit Marinade begießen und bei 220° weiterbraten, dabei gelegentlich die Pute mit der Sauce befeuchten. Falls notwendig, noch etwas Wasser nachgießen. Die Garzeit beträgt insgesamt zwei bis drei Stunden – beim Einstechen in die Schenkel darf kein Blut mehr austreten, und das Fleisch muß weich sein.

Vor dem Servieren die Pute in sehr feine Scheiben schneiden. Jede Scheibe kurz im Bratensatz wenden, der mit Wein oder heißem Wasser verlängert werden kann. Auf einer Platte das weiße Brust- und das dunkle Schenkelfleisch getrennt voneinander anrichten, mit Orangenscheiben, Ananas und/oder Trockenpflaumen garnieren.

Beilagen: Reis oder gebackener Reis (Seite 136), Farofa

Markt von Boca do Rio, Salvador: (1) Tomaten, (2) Pfefferminze, (3) *Couve Mineira,* (4) Okraschoten, (5) *Maxixe,* (6) grüne Bohnen, (7) Salat, (8) *Cheiro verde* (Kräuterbund)

Marktfrau in Boca do Rio, Salvador da Bahia

Bild oben: (1) Okraschoten, (2) Orangen, (3) Chayoten, (4) *Maxixe*

Bild Mitte links: Chayoten
Bild Mitte rechts: *Pinha,* Früchte vor allem des Nordostens
Bild unten links: *Aipim,* auch *Macaxera* oder *Mandioca* genannt, eine eßbare, weil ungiftige Maniok-Art
Bild unten rechts: *Caju*-Apfel mit schwarzen Samen (Cashewnüsse)

Variante:

◆ Die Pute wie beschrieben zubereiten, jedoch vor dem Braten füllen.
Dazu die Äpfel schälen und würfeln. Zwiebelringe in Butter andünsten. Äpfel, Rosinen sowie 1 TL Salz zugeben und unter ständigem Rühren kurz anbraten. Die Pute mit der Füllung stopfen.

Varianten:
Natürlich sind auch andere Füllungen möglich, zum Beispiel eine Farofa Mista (Seite 131).

Die Mischung eignet sich auch als Beilage.

◆ Kasseler, Rinderbrust und Zunge mit Knoblauch, Salz und Pfeffer würzen und alle Fleischsorten einschließlich der Lingüiça etwa 30 Minuten zusammen kochen. Die Reste der Pute (Beine, Flügel, Hals etc. – kurz: das dunkle Fleisch) und das in große Würfel geschnittene Gemüse (Weißkohl und Kürbis in zwei bis drei Teile geschnitten) zufügen und alles mit etwa 2 l Wasser bedecken. Salzen, pfeffern und zwei Stunden bei mittlerer Hitze kochen.
Fleisch und Gemüse auf getrennten Platten anrichten. Aus der heißen Brühe ein Pirão (Seite 132) zubereiten: Dazu das Maniokmehl langsam in die Brühe streuen, kräftig rühren und aufkochen.
Beilage: Pfeffersauce (Seite 109)

Variante:
Zwei Chayoten und drei Möhren beigeben.

Gefüllte Pute
Peru Recheado

für die Füllung:
5-6 saure Äpfel
8 Zwiebeln
3 EL Butter
150 g Rosinen

Puten-Eintopf
Escaldado de Peru

3 Stunden Vorbereitungs-
  und Kochzeit
für 8 Personen

Reste einer Pute
  (mit Gerippe)
500 g Kasseler
300 g Rinderbrust
200 g geräucherte Zunge
500 g Lingüiça oder
  Mettenden
2 Knoblauchzehen
3-4 Kartoffeln
500 g Weißkohl
500 g Kürbis
500 g Couve Mineira
250 g Okras
2 Kochbananen
500 g Maniokmehl

Cozido

Cozido heißt ganz einfach »gekocht«. Der Cozido ist ein portugiesisches Erbe, das man auch in Spanien als Cocido kennt. In einigen Regionen Portugals wird er auch Caldeirada genannt, was man in etwa mit »Eintopf« übersetzen kann.

Der Cozido kann sowohl ein Fleisch-Cozido (kurz Cozido) sein als auch ein Fisch-Cozido (Cozido de Peixe). Im letzteren Fall werden statt Fleisch- verschiedene Fischsorten verwendet. Einige Krabben und auch Tintenfisch dürfen dazugehören. Zuvor reibt man alle Fische mit Zitronensaft ab und legt sie einige Stunden in eine Wein-Knoblauch-Marinade (Seite 110) ein.

Der Cozido gilt als sehr mächtig. Er sollte deshalb besser nicht als Abendessen angeboten werden. In einigen Regionen Brasiliens wird die verbleibende Gemüsebrühe nach dem Cozido heiß getrunken, da man ihr eine verdauungsfördernde Wirkung zuschreibt.

Aus den Gemüseresten kann man eine schmackhafte Suppe zubereiten, indem man sie püriert. Die Fleisch- und Wurstreste am folgenden Tag braten, nach und nach Maniokmehl dazustreuen, bis eine »feuchte« Farofa daraus entsteht.

◆ Für die Marinade alle Zutaten miteinander vermischen und das Fleisch mindestens eine Stunde darin einlegen.

Öl erhitzen und das Fleisch mit Zwiebeln und zerdrücktem Knoblauch darin anbraten. In 2 l Wasser anderthalb Stunden kochen.

Alle Gemüse bis auf die Chayoten möglichst unzerkleinert oder in größeren Stücken dem Fleisch zugeben und bei sehr schwacher Hitze erneut eine bis anderthalb Stunden kochen. Wasser zugießen. Die Chayoten 20 Minuten vor Ende der Kochzeit hinzufügen. Abschmecken, eventuell pfeffern und salzen.

Beilagen: Pirão (Seite 132) aus 1½ l heißer Gemüsebrühe, Pfeffersauce (Seite 109)

Varianten:

▷ 250 g Carne seca mit den anderen Fleischsorten marinieren. Dieses vorher entsalzen, indem man es mehrere Stunden in Wasser einlegt, dabei jede Stunde das Wasser wechseln.

▷ Maxixe, Süßkartoffeln, Kochbananen, Maniokwurzeln und Chayoten können weggelassen bzw. durch Kohlrabi, Wirsing, Schwarzwurzeln, Spinat, Blumenkohl etc. ersetzt werden.

▷ Statt des Fleisches dicke Rippe oder geräucherte Schweinshaxe verwenden, bei denen der größte Teil des Fettes entfernt wurde.

Eintopf
Cozido

4 Stunden Vorbereitungs-
und Kochzeit
für 10 Personen

500 g Rindfleisch
(Suppenfleisch und/oder
Beinscheibe)
250 g Lingüiça
150 g durchwachsener Speck
4 gehackte Zwiebeln
2-3 Knoblauchzehen
Öl
500 g Weißkohl
500 g Couve Mineira
500 g Kürbis
300 g Okras
6-8 Maxixe
250 g grüne Bohnen
4 Möhren
4 Kartoffeln
2 frische Maiskolben,
geviertelt
2 Süßkartoffeln
2-3 Kochbananen
2 Maniokwurzeln
3 Lorbeerblätter
3 Chayoten

für die Marinade:
4 EL Essig
3 geriebene Zwiebeln
3 gehackte Knoblauchzehen
3 TL Salz
2 TL Pfeffer

◆

Suppen
Sopas

◆

◆ Möhren und Zwiebeln in wenig Wasser weich kochen und pürieren. Die übrigen Zutaten zugeben und alles weitere 10 Minuten kochen. Vor dem Servieren mit etwas geriebenem Käse bestreuen.

Pürierte Gemüsesuppe
Sopa de Verdura Passada

für 4-6 Personen

500 g Möhren
2 gehackte Zwiebeln
1 l Milch
1/2 EL Butter
1/2 EL Stärkemehl
1 EL gehackte Petersilie
1 TL Salz
geriebener Käse

◆ Das Gemüse zerkleinern und in wenig Wasser weich kochen, wenn nötig, weiteres Wasser zugießen. Im Mixer pürieren oder durch ein Sieb passieren. Kochwasser zugießen.
Speck auslassen, Reis hinzufügen und anbraten. Brühe zugießen und den Reis etwa 15 Minuten weich kochen. Das Gemüsepüree hineinrühren und noch einige Minuten kochen.
Mit geriebenem Käse bestreut servieren.

Gemüsesuppe
Sopa de Legumes

für 4-6 Personen

4 große Blätter Couve
    Mineira
4 große Blätter Weißkohl
2 kleine Kohlrabi
2 Zwiebeln
2 Möhren
4 Kartoffeln
300 g Kürbis
100 g geräucherter Speck
    oder Schinken
1 Tasse Reis
1 l Fleischbrühe
geriebener Käse

Bohnensuppe
Sopa de Feijão

für 4-6 Personen

1 Tasse braune oder schwarze
  Bohnen
1 l Fleischbrühe
1/2 Tasse Reis
1 TL Butter oder Margarine
1 EL gehackte Petersilie
1 EL gehackter Schnittlauch
2 Würstchen
2 hartgekochte Eier
1 EL geriebener Parmesan

◆ Die Bohnen kochen. Mit 1 Tasse Bohnenwasser pürieren und mit der Brühe zum Kochen bringen. Salzen, Reis zufügen und sehr weich kochen. Butter, Kräuter und die in Scheiben geschnittenen Würstchen dazugeben.
Kurz vor dem Servieren kleingeschnittene Eier und Parmesan darübergeben.

Varianten:
▷ Den Reis durch Nudeln ersetzen.
▷ Statt der Würstchen Fleischwurst verwenden.

Spinatsuppe nach Hausfrauenart
Sopa de Espinafre à Minha Moda

für 4-6 Personen

1 kg frischer Spinat
1 1/2 l Fleischbrühe
1 gehackte Zwiebel
1 Päckchen Kartoffelpüree
1/4 Tasse Olivenöl

◆ Spinat kochen, kleinschneiden, pürieren und mit der Brühe zum Kochen bringen. Zwiebel, Salz und Pfeffer hinzufügen, das Kartoffelpüree hineinstreuen. Zum Schluß das Öl unterziehen.

Variante:
Den frischen Spinat durch tiefgekühlten ersetzen.

Kürbissuppe
Sopa de Abóbora

für 4-6 Personen

500 g Kürbis
250 g Kartoffeln
250 g Tomaten
1 gehäufter EL Butter
Stärkemehl
1 Eigelb
2 EL Creme de Leite

◆ Kürbis und Kartoffeln schälen und würfeln. Tomaten häuten, kleinschneiden und entkernen. Butter schmelzen und die Tomaten darin andünsten, ebenso die Kürbis- und Kartoffelwürfel. Mit 2 l Wasser ablöschen, salzen und pfeffern. Etwa 45 Minuten dämpfen.
Anschließend durch ein Sieb passieren. Das Püree mit Stärkemehl andicken und bei schwacher Hitze weitere 15 Minuten kochen. Kurz vor dem Servieren das Eigelb und die Creme de Leite unterziehen, nicht noch einmal aufkochen.

◆ Die geriebene Zwiebel in Butter andünsten, den zerkrümelten Brühwürfel, den zerpflückten Salat und 2 Tassen Wasser zufügen und alles bei schwacher Hitze kochen.

Creme de Leite, Eigelb und Mehl verrühren, nach und nach unter ständigem Rühren in die Brühe einlaufen lassen. Aufkochen und heiß servieren.

Kopfsalat-Cremesuppe
Sopa Creme de Alface

für 4 Personen

1 großer Kopfsalat
1 Zwiebel
2 EL Butter
1 Würfel Fleischbrühe
1 Dose Creme de Leite
2 Eigelb
1 EL Mehl

◆ Die Krabben säubern und schälen, die Schalen zur Seite stellen. Krabben mit Brühe würzen und ruhenlassen. Zwei Tomaten häuten, entkernen und zur Seite legen.

Krabbenschalen, restliche Tomaten, Möhren, Zwiebeln, Cheiro Verde, Lorbeerblätter, Pfeffer und 2 TL Salz in 2 l Wasser eine Stunde kochen. Die entstandene Brühe durchseihen. Die Möhren im Mixer pürieren und zurück in die Brühe geben.

Krabben in Butter andünsten und mit den zur Seite gelegten Tomaten etwa 30 Minuten dämpfen. Brühe, Ketchup, Curry sowie das in wenig Wasser angerührte Stärkemehl zufügen und weitere 10 Minuten kochen. Creme de Leite unterziehen und den Topf vom Herd nehmen.

Heiß oder kalt servieren. Nach Geschmack mit etwas Parmesan bestreuen.

Krabbensuppe
Sopa de Camarão

für 6-8 Personen

1 kg Krabben mit Schale
Gemüse- oder Hühnerbrühe
6 Tomaten
2 große Möhren
2 gehackte Zwiebeln
1 Bund Cheiro Verde
2 Lorbeerblätter
3 schwarze Pfefferkörner
2 EL Butter
2 EL Ketchup
1/4 TL Curry
2 EL Stärkemehl
1 Dose Creme de Leite
geriebener Parmesan

Hühnersuppe
Canja de Galinha

für 6 Personen

1 Huhn (1½-2 kg)
2 EL Öl
2 EL Butter oder Margarine
1 gehackte Zwiebel
1 Knoblauchzehe
1 Bund Petersilie
2 Tomaten
1 Tasse Reis
6-8 Minzeblätter

◆ Das Huhn säubern und in Stücke zerteilen. In einem Schmortopf Öl und Butter erhitzen, die Hühnerteile darin anbraten. Einen Teil des Bratfetts abschöpfen und nur so viel im Topf zurücklassen, wie zum Kochen benötigt wird. Zwiebel, zerdrückten Knoblauch, Salz und Pfeffer zugeben und dünsten, bis die Zwiebeln glasig werden. Die Hälfte der Petersilie und die gehäuteten, entkernten Tomaten hinzufügen. Mit Wasser bedecken und das Huhn bei schwacher Hitze etwa anderthalb Stunden weich kochen.
Das Hühnerfleisch aus der Brühe nehmen, Knochen und Haut entfernen. Das Fleisch zurück in den Topf geben. Reis zufügen, Wenn nötig, Wasser nachgießen und kochen, bis der Reis weich ist. Die restliche, gehackte Petersilie oder Minze dazureichen und sehr heiß servieren.

Fleisch
Carnes

Fleischwürzung

Besonderen Wert legen die Brasilianer auf die Würzung von Fleisch, Fisch und exotischen Gemüsen.

Das Fleisch erhält seinen besonderen Geschmack, indem es vor der Zubereitung mehrere Stunden – oder über Nacht – in einer Marinade eingelegt wird, die in ihrer Grundmischung aus Öl, Salz, Pfeffer, Wein oder Weinessig, zerdrücktem Knoblauch und verschiedenen Kräutern besteht. In jedem brasilianischen Haushalt gibt es einen Amassador, einen kleinen Holzmörser, in dem Salz, Pfeffer und Knoblauch zerstampft werden.

In verschiedensten Varianten hergestellt, haben Hausfrauen ihre speziellen Gewürzmischungen immer in Flaschen oder Gläsern vorbereitet.

◆ Für die Marinade Zwiebel, Knoblauch, 1 EL Salz und 1 TL Pfeffer in einem kleinen Holzmörser zerstampfen und die Mischung mit Essig zu einer fa st flüssigen Paste verarbeiten. Das Fleisch mit der Gabel tief einstechen und die Marinade tief und reichlich hineinträufeln. Mit der Marinade einreiben und über Nacht einwirken lassen, gelegentlich wenden.
Am nächsten Tag das Fleisch von allen Seiten in heißem Fett anbraten und etwa zwei Stunden schmoren, gelegentlich etwas Wasser nachgießen. Die Zwiebeln in der Sauce mitkochen – dadurch dickt diese ein, eine Mehlschwitze ist nicht mehr nötig.

Varianten:
▷ Etwas Tomatenmark und ein Lorbeerblatt oder etwas Sahne an die Sauce geben.
▷ Statt Rind- Schweinefleisch nehmen, dann aber weniger Zwiebeln verwenden und eine Prise Zimt sowie Nelken hinzufügen. Die Schmorzeit beträgt etwa 80 Minuten.
▷ Auf gleiche Weise können auch Poularden oder Hähnchen, mit Zimt, Nelken und Kräutern (besonders Thymian und Majoran) mariniert, zubereitet werden. Schmorzeit etwa 70 Minuten.
▷ Bei Lammfleisch verschiedene Kräuter, besonders frische Minze, verwenden. Schmorzeit etwa 80 Minuten.

Grundrezept für Braten
Receita Básica de Carne Assada

am Vortag beginnen
für 6 Personen

1 kg Rindfleisch
5-6 gehackte Zwiebeln

für die Marinade:
1 kleine, gehackte Zwiebel
2-3 gehackte Knoblauch-
   zehen
3 EL Essig, Bier oder Wein

Geschmortes Rindfleisch
Ensopado de Carne

1-2 Stunden marinieren
für 6 Personen

1 kg Suppenfleisch ohne
    Knochen
3 EL Öl
1 Paprikaschote
3-4 gehackte Zwiebeln
2 EL Tomatenmark
3 Lorbeerblätter
6-8 Kartoffeln

für die Marinade:
3 EL Weinessig
2-4 Knoblauchzehen
½ TL gemahlener
    Kreuzkümmel

◆ Für die Marinade Essig, zerdrückten Knoblauch, Kreuzkümmel, 2 TL Salz und 1 TL Pfeffer miteinander vermischen. Das Fleisch in kleine Würfel schneiden und ein bis zwei Stunden darin einlegen.
Die Fleischstücke aus der Marinade nehmen und in heißem Öl kurz anbraten. Die in Streifen oder kleine Würfel geschnittene Paprika, Zwiebeln, Tomatenmark und Lorbeerblätter hinzufügen. 45 Minuten in wenig Wasser bei schwacher Hitze schmoren, gewürfelte Kartoffeln zugeben und etwa 20 Minuten garen. Eventuell mit Salz und Pfeffer nachwürzen.

Variante:
Den Weinessig durch Bier oder Wein ersetzen.

Braten in rostbrauner Sauce
Carne Assada ao Molho de Ferrugem

6 Stunden marinieren
für 6 Personen

1 kg Rumpsteak
    (Hinterkeule)
Öl oder Margarine

für die Marinade:
4 EL Wein oder Weinessig
1-2 gehackte Zwiebeln
2-3 Knoblauchzehen
2 Lorbeerblätter

◆ Für die Marinade Wein, Zwiebeln, zerdrückten Knoblauch, Lorbeerblätter, 1 EL Salz und 1 TL Pfeffer miteinander vermischen. Das Fleisch mit einer Gabel tief einstechen, die Marinade tief und reichlich hineinträufeln, etwa sechs Stunden einwirken lassen.
Wenig Öl stark erhitzen und das Fleisch von allen Seiten darin anbraten. Die Marinade mit 1 Tasse Wasser verdünnen und zugießen. Mit wenig Flüssigkeit bei schwacher Hitze zugedeckt schmoren, dabei gelegentlich wenden. Wenn nötig, Wasser nachgießen – die Sauce soll die Farbe von Rost erhalten. Das Fleisch kann im Inneren je nach Geschmack mehr oder weniger stark durchgebraten sein. Nach zwei Stunden Kochdauer pro Kilogramm ist das Fleisch normalerweise durch.

Varianten:

▷ Das Fleisch der Länge nach durchlöchern, die Öffnungen vor dem Braten mit Zwiebeln, durchwachsenem Speck und Möhrenstreifen füllen.

▷ Beim Kochen fünf bis sechs halbierte Kartoffeln und ebensoviele geviertelte Zwiebeln in der Sauce mitkochen.

Filet
Filé

am Vortag beginnen
für 6 Personen

1 kg Rinderfilet
Öl
3 EL Weißwein

◆ Für die Marinade alle Zutaten miteinander vermischen. Das Filet von Fett und Haut säubern. Mit einer Gabel tief einstechen und die Marinade tief und reichlich hineinträufeln. Mit der Marinade einreiben und über Nacht ziehen lassen.

Am nächsten Tag in heißem Öl von allen Seiten anbraten. Etwas Wasser zugießen, Marinade und nach Geschmack Wein zugießen und 30 bis 40 Minuten kochen, bis das Filet je nach Geschmack mehr oder weniger gut durchgebraten ist.

Für die Sauce Zwiebeln und Paprika in Ringe schneiden und mit den gehäuteten Tomaten im Bratensatz schmoren. Eventuell einige Rosinen in die Sauce geben.

Zum Servieren das Fleisch in dünne Scheiben schneiden, die Zwiebelsauce darübergeben.

Beilagen: Mais, Farofa

für die Marinade:
2 EL Weißwein
1 gehackte Zwiebel
2-3 gehackte Knoblauchzehen
1 Prise Gewürznelkenpulver
1 Prise gemahlener Zimt
1 EL Salz
1 TL Pfeffer

Variante:

Das Filet in Scheiben schneiden. Je eine halbe Ananasscheibe kurz in Butter anbraten. Mit einer Scheibe rohem Schinken zwischen die Filetscheiben legen.

für die Zwiebelsauce:
6-8 Zwiebeln
2 Paprikaschoten
3 Tomaten
nach Geschmack: Rosinen

Gefüllte Rinderlende
Lombo Recheado

2 Stunden marinieren
für 6-8 Personen

1 kg Rinderlende
2 Knoblauchzehen
gemahlener Kreuzkümmel

für die Marinade:
1 Bund Petersilie
1 Bund Schnittlauch
1 Lorbeerblatt
1/2 Glas Weißwein
1 EL Zitronensaft

für die Füllung:
100 g kleingeschnittener
    Schinken
1 Dose Mais oder 200-
    250 g tiefgekühlter Mais
1 kleiner saurer Apfel
1 Würfel Fleischbrühe
1 EL Butter
etwa 1/2 Tasse Maniokmehl

◆ Die Rinderlende mit einer Mischung aus zerdrücktem Knoblauch, einer Prise Kreuzkümmel, 1 EL Salz und 1 TL Pfeffer einreiben. Für die Marinade die Kräuter kleinschneiden, Wein und Zitronensaft darübergießen. Das Fleisch mindestens zwei Stunden darin einlegen.
Währenddessen die Füllung vorbereiten: Die Zutaten in Butter andämpfen, zuletzt das Maniokmehl hineinrühren, so daß eine »feuchte« Farofa entsteht. Die Lende mit der Farofa füllen, den Einschnitt mit Zahnstochern fest verschließen und mit Garn umwickeln. Einen Schmortopf einfetten und die Lende mit der Marinade hineingeben. Im vorgeheizten Ofen bei 190° bis 200° etwa eine Stunde schmoren.

Zarte Rindfleischscheiben
Bife

2-3 dünne Rindfleisch-
    scheiben pro Person
Knoblauch
Öl
Zwiebeln

Bifes sind in Brasilien 1 bis 2 cm dünne Rindfleischscheiben von 6 bis 8 cm Länge und das Fleischgericht, das am häufigsten in den Häusern der Mittel- und Oberschicht gegessen wird.

◆ Das Fleisch mit einer Mischung aus Knoblauch, Salz und Pfeffer einreiben und kurz einwirken lassen.
In einer Pfanne wenig Öl so stark erhitzen, bis es zu rauchen beginnt. Die Fleischscheiben nacheinander von beiden Seiten einige Sekunden anbraten – der Boden der Pfanne darf nur mit wenig Öl bedeckt sein und soll fast trocken bleiben.
Zum Schluß mit wenig Wasser den Bratensatz von der Pfanne lösen und alle Fleischscheiben hinein-

legen. Mit den letzten Scheiben Zwiebelringe im Bratensatz schmoren.

Variante:

◆ Pro Person ein Spiegelei braten und beim Servieren auf die Fleischscheiben legen.

◆ Für die Marinade Essig, zerdrückten Knoblauch, Salz und Pfeffer miteinander vermischen und das Fleisch etwa zwei Stunden darin einlegen.
In einer Pfanne Öl stark erhitzen und das Fleisch von jeder Seite 20 bis 30 Minuten darin anbraten. Nach Geschmack mit Kreuzkümmel, Salz und Pfeffer würzen.
Für die Sauce in einer Kasserolle Butter schmelzen und gehackte Petersilie hinzufügen. Das je nach Geschmack mehr oder weniger gut durchgebratene Fleisch in feine Scheiben schneiden, auf einer Platte anrichten und mit der Sauce übergießen.

»Auf dem Pferd«
Bife a Cavalo

Roastbeef auf brasilianische Art
Rosbife à Brasileira

2 Stunden marinieren
für 6-8 Personen

1½ kg Rindfleisch
   (Filet, Schwanzstück oder
   Rumpsteak)
3 EL Öl
gemahlener Kreuzkümmel

für die Marinade:
½ Tasse Weinessig
2-3 Knoblauchzehen

für die Sauce:
2 EL Butter
1 Bund Petersilie

Kaltes Roastbeef mit Orangen
Rosbife Frio ao Molho de Laranja

einige Stunden marinieren
für 8-10 Personen

2 kg Rindfleisch
einige Scheiben Schinken
   oder durchwachsener
   Speck
3 Tassen Orangensaft
2-3 ungespritzte Orangen

für die Gewürzpaste:
2-3 Knoblauchzehen
gemahlener Kreuzkümmel
$1/2$ TL gemahlener Zimt
$1/2$ TL schwarzer Pfeffer

◆ Für die Gewürzpaste zerdrückten Knoblauch, 1 schwach gehäuften TL Kreuzkümmel, Zimt, Pfeffer und $1^1/2$ TL Salz miteinander vermischen. Das Fleisch mit einem spitzen Messer oder einer Gabel einstechen und damit einreiben bzw. die Gewürzpaste möglichst tief in die Öffnungen hineindrücken. Einige Stunden einwirken lassen.

Die Schinkenscheiben in einer Kasserolle auslassen. Das Fleisch in einen Brattopf oder eine große, eingefettete Auflaufform legen und mit dem Schinkenfett übergießen. Im vorgeheizten Backofen bei 200° etwa zwei Stunden braten, dabei gelegentlich mit etwas Bratensaft beträufeln.

Wenn das Fleisch fertig ist – es sollte nicht sehr stark durchgebraten sein –, abkühlen lassen, mit Aluminiumfolie umwickeln und in den Kühlschrank legen.

Etwa 30 Minuten vor dem Servieren das Fleisch aus dem Kühlschrank nehmen und in sehr feine Scheiben schneiden. Auf einem Teller nebeneinander anrichten und mit Orangensaft übergießen. Weitere 20 Minuten in den Kühlschrank stellen. Währenddessen die Schale einer Orange abreiben und zur Seite stellen. Die Orangen schälen und in Scheiben schneiden. Das Fleisch aus dem Kühlschrank nehmen und abwechselnd je eine Orangenscheibe und eine Scheibe Roastbeef auf der Fleischplatte anordnen. Zum Schluß mit der abgeriebenen Orangenschale bestreuen.

Beilage: verschiedene Salate

◆ Öl erhitzen und Zwiebeln, zerdrückten Knoblauch und Tomatenmark kurz darin andünsten. Das Fleisch zugeben und unter ständigem Rühren anbraten. Eine Prise Kreuzkümmel, 2 TL Salz und 1 TL Pfeffer zugeben, gehackte Petersilie untermischen.

Beilagen: Nudeln, Kartoffelpüree, Reis oder Farofa

Varianten:
Nach dem Anbraten können zugegeben werden:
▷ $1/2$ l Wasser, Kräuter (zum Beispiel Thymian, Oregano) und mehr Tomatenmark. Weitere 15 bis 20 Minuten kochen.
▷ kleingeschnittene bzw. geraspelte Möhren. Weitere 15 bis 20 Minuten kochen.
▷ 1 Dose Erbsen und/oder 1 Dose Mais. Weitere 10 Minuten kochen.
▷ vier bis fünf gewürfelte Kartoffeln oder Kohlrabi. 20 bis 25 Minuten weich kochen.
▷ in Ringe geschnittener Porree. 20 Minuten weich kochen.

Rindsgehacktes
Picadinho de Carne

für 4-6 Personen

1 kg Hackfleisch vom Rind
3 EL Öl
4 gehackte Zwiebeln
1 Knoblauchzehe
3-4 EL Tomatenmark
gemahlener Kreuzkümmel
1 Bund Petersilie

Fleischförmchen
Forminhas de Carne

für 6 Personen

500 g Hackfleisch
4 gehackte Zwiebeln
1 Knoblauchzehe
3 Tomaten
1 Paprikaschote
1 Lorbeerblatt
Öl
2 hartgekochte Eier
100 g Paniermehl
2 EL geriebener Parmesan
100 g Oliven
1 Bund Cheiro Verde

für den Teig:
2 alte Brötchen
1/2 Tasse Milch
3 Eigelb
1 EL Butter oder Margarine

6 Pastetenförmchen

◆ Das Fleisch mit Zwiebeln, zerdrücktem Knoblauch, Tomaten, Paprika, Lorbeerblatt und Pfeffer anbraten. Kleingeschnittene Eier zugeben.
Für den Teig die Brötchen in Milch einweichen und zerdrücken. Eigelb, Butter und Salz hinzufügen, alles gründlich vermengen.
Die eingefetteten und mit Paniermehl ausgestreuten Pastetenförmchen jeweils mit einer dünnen Schicht Brotteig auslegen, mit der Hackfleischmasse füllen und nochmals mit einer dünnen Teigschicht bedecken. Reichlich mit geriebenem Käse bestreuen und im Ofen backen.
Die fertigen Pasteten aus der Form nehmen, auf einem Teller anrichten und mit Oliven und gehacktem Cheiro Verde garnieren.

Variante:
Statt der Pastetenförmchen eine große Auflaufform benutzen.

◆ Für die Marinade Wein, Zwiebelringe, zerdrückten Knoblauch, Lorbeerblatt, 2 TL Salz und 1 TL Pfeffer miteinander vermischen und das Fleisch über Nacht darin einlegen.

Am nächsten Tag das Fleisch in einem Brattopf auf die Zwiebeln legen, mit Speckscheiben belegen und im vorgeheizten Ofen bei 200° braten.

Für das Püree alle Zutaten in einem Topf mit etwas Wasser sehr weich kochen, anschließend durch ein Sieb passieren. Das Püree erneut erhitzen und etwas eindicken.

Wenn das Fleisch nach etwa einer Stunde gar ist, überschüssiges Fett abschöpfen, den Bratensatz mit Wein und 1/2 Tasse Wasser lösen. Die Lende in Scheiben schneiden und kreisförmig auf einem Teller anrichten. In die Mitte des Tellers das Trockenpflaumenpüree geben. Mit Brunnenkresse garnieren.

Schweinelende mit Trockenpflaumen
Lombo de Porco com Ameixas Pretas

am Vortag beginnen
für 6 Personen

1 1/2 kg Schweinelende
4 gehackte Zwiebeln
einige Scheiben frischer
    Speck
1 Glas Wein
Brunnenkresse

für die Marinade:
1/2 Glas Wein
1 Zwiebel
4 Knoblauchzehen
1 Lorbeerblatt

für das Püree:
300 g Trockenpflaumen
    ohne Steine
2 Äpfel
1 EL Zucker
1 EL Butter

◆

Geflügel
Aves

◆

◆ Die Hähnchenbrüste mit einem scharfen Messer aufschneiden und je eine Scheibe Schinken, eine Scheibe Käse sowie zwei Paprikastreifen hineinlegen. Zusammenklappen und mit einem Zahnstocher verschließen. Mehl mit Paprika, Pfeffer und 2 TL Salz vermischen, die Hähnchenbrüste darin wenden.

In einem Topf Butter erhitzen und die Hähnchenbrüste von beiden Seiten darin goldbraun anbraten. Den Brühwürfel in 2 Tassen kochendem Wasser auflösen und mit dem Wein zugießen. Im geschlossenen Topf bei schwacher Hitze etwa 30 Minuten weich kochen.

Auf einer Platte anrichten, die Zahnstocher entfernen und mit Sauce übergießen.

Hähnchenbrust »Suprème«
Peito de Galinha Supremo

für 8 Personen

8 Hähnchenbrüste ohne
    Haut und Knochen
3 Scheiben gekochter
    Schinken
3 Scheiben Schnittkäse
2 Paprikaschoten, in Streifen
    geschnitten
3 EL Weizenmehl
$1^{1}/_{2}$ TL Paprika
$^{1}/_{2}$ TL weißer Pfeffer
60 g Butter oder Margarine
$^{1}/_{2}$ Glas Wein
1 Würfel Hühnerbrühe

◆ Für die Marinade zerdrückten Knoblauch, Kreuzkümmel, je eine Prise Nelken und Zimt, 1 TL Pfeffer und 4 TL Salz miteinander vermischen. Die Hähnchenschenkel damit einreiben und etwa 30 Minuten einwirken lassen. Über Nacht in Bier einlegen.

Am nächsten Tag die Schenkel mit einer Scheibe Schinken umwickeln, eine Pflaume darauflegen und mit einem Zahnstocher feststecken.

Die Schenkel mit Öl einreiben, mit der Marinade in einen Topf geben und im Backofen bei 175° eine Stunde braten. Weitere 15 Minuten knusprig braun werden lassen.

Den Bratensatz mit Bier oder Wasser vom Blech lösen und abschmecken. Eventuell mit Wasser verdünnen und in einer Sauciere dazu reichen.

Hähnchen mit Schinken und Pflaumen
Coxas de Galinha com Presunto e Ameixa

am Vortag beginnen
für 8 Personen

8 Hähnchenschenkel
8 Scheiben roher Schinken
8 Trockenpflaumen
    ohne Steine
1-2 EL Öl

für die Marinade:
3-4 Knoblauchzehen
$^{1}/_{2}$ TL gemahlener
    Kreuzkümmel
Gewürznelkenpulver
gemahlener Zimt
400 ml Bier

Hähnchen in Käsesauce
Frango com Molho de Queijo

für 6 Personen

2 Hähnchen (etwa 2 kg)
Paprika
1/2 Tasse Öl
4 EL Butter oder Margarine
3 Würfel Hühnerbrühe
6 EL Mehl
1 1/2 l kochendes Wasser
2 Tassen geriebener Käse

◆ Die Hähnchen mit Salz, Pfeffer und Paprika würzen, mindestens 30 Minuten einwirken lassen. Anschließend mit Öl einreiben. In einen Brattopf geben und mit Backpapier bedecken. Im Ofen bei 200° eine bis anderthalb Stunden weich braten.
Währenddessen Butter bräunen, Brühwürfel zugeben und mit einem Holzlöffel gründlich verrühren, nach und nach Mehl einstreuen. Unter ständigem Rühren langsam das Wasser zugießen. Bei mittlerer Hitze kochen, bis eine cremige Masse entsteht. Die Hälfte des Käses hinzufügen und rasch untermischen.
Die Hähnchen auf einer feuerfesten Platte anrichten, mit Sauce übergießen und mit dem restlichen Käse bestreuen. Im Backofen bei 200° 10 Minuten gratinieren.

Variante:
Die Hähnchen durch eine Poularde ersetzen.

Copacabana-Hähnchen
Frango Copacabana

einige Stunden marinieren
für 4-6 Personen

2 Grillhähnchen (1 1/2 kg)
1 Päckchen Zwiebelsuppe
150 g Mayonnaise

für die Marinade:
1/2 Glas Weißwein
2 EL Tomatenmark
4 große, zerdrückte
   Knoblauchzehen
2 Lorbeerblätter
1 Prise Gewürznelkenpulver
1 Prise gemahlener Zimt
4 TL Salz
1 TL Pfeffer

◆ Für die Marinade alle Zutaten miteinander vermischen und das zerteilte Hähnchen einige Stunden darin einlegen.
Die Hähnchenteile in der trockenen Zwiebelsuppenmasse wälzen und in eine eingefettete feuerfeste Form legen. Alles reichlich mit Mayonnaise einstreichen.
Im vorgeheizten Backofen bei 200° 30 Minuten braten. Die Teile wenden, wiederum mit Mayonnaise bepinseln und nochmals 30 Minuten braun werden lassen.
Die Marinade, eventuell ergänzt durch 3 bis 4 EL Wasser, in den letzten 10 Minuten in die Form gießen.
Beilage: Reis, Erbsen oder Maisgemüse

◆ Das Hähnchen säubern und in Stücke zerteilen. Mit einer Mischung aus zerdrücktem Knoblauch, 1 EL Salz und 1 TL Pfeffer einreiben. Ein bis zwei Stunden einwirken lassen.
In einem Brattopf Butter und Öl erhitzen, die Hähnchenteile darin anbraten. Anschließend Zwiebel, kleingeschnittenen Sellerie, Lorbeerblatt, Salz und Pfeffer nach Geschmack zufügen. Wein zugießen und kochen, bis er verdampft ist. Den Brühwürfel in 1 1/2 Tassen kochendem Wasser auflösen und zugießen. Bei schwacher Hitze etwa eine Stunde weiterkochen, bis das Fleisch weich ist.
Für die Creme Milch, Stärkemehl, Eigelb, Butter und etwas Salz vermischen. Erhitzen und ständig rühren, bis eine glatte Creme ohne Klümpchen entsteht. Vom Herd nehmen, Petersilie, Mais und Creme de Leite unterziehen. Alles gründlich vermischen und über das Hähnchen gießen.
Beilage: weißer Reis (Seite 135)

Variante:
Das Hähnchen durch eine Poularde ersetzen.

Hähnchen mit Mais-Creme
Frango ao Creme de Milho

1-2 Stunden marinieren
für 4 Personen

1 Hähnchen (etwa 1200 g)
2 Knoblauchzehen
2 EL Butter oder Margarine
2 EL Öl
1 gehackte Zwiebel
1 Stange Sellerie
1 Lorbeerblatt
1/2 Glas Weißwein
1 Würfel Hühnerbrühe

für die Creme:
1 Dose Mais
1 Dose Creme de Leite
2 Tassen Milch
2 EL Stärkemehl
2 Eigelb
50 g Butter
1 EL feingehackte Petersilie

Hähnchen im neuen Kleid
Frango de Roupa Nova

für 6 Personen

2 Tassen kleingeschnittenes
   Hühnerfleisch
1 gehackte Zwiebel
2 EL Butter
1 Tasse kochendes Wasser
7 EL Weißwein
2 Eigelb
1 kleine Dose Palmenherzen
1 Dose Creme de Leite

◆ Die Zwiebel in Butter goldbraun anbraten. Das zerkleinerte Hühnerfleisch, Salz und Pfeffer hinzufügen und mit 1 Tasse kochendem Wasser ablöschen. Wein und verquirlte Eigelb hinzugeben. Kleingeschnittene Palmenherzen untermischen und alles einige Minuten kochen.
Zum Schluß Creme de Leite unterziehen. Nochmals erhitzen, ohne zu kochen.
Beilage: weißer Reis (Seite 135)

Hühnerpastete
Pastelão de Galinha

4-5 Stunden Vorbereitungs-
   und Kochzeit
für 6-8 Personen

1 Hähnchen
2 Knoblauchzehen
Öl
3 Zwiebeln
150 g Oliven
500 g Tomaten
1 Dose Palmenherzen
5 EL geriebener Käse
Paniermehl

für den Teig:
1 kg Mehl
500 g Butter oder Margarine
10 Eier
$\frac{1}{2}$ l Milch

◆ Das Hähnchen zerteilen, mit zerdrücktem Knoblauch, Salz und Pfeffer würzen und zwei bis drei Stunden einwirken lassen.
Die Hähnchenstücke in heißem Öl anbraten, etwas Wasser zugießen. Die Zwiebeln vierteln, zufügen und alles bei schwacher Hitze etwa 45 Minuten schmoren. Anschließend das Fleisch vollständig von den Knochen ablösen und kleinschneiden.
Einen Teig aus Mehl, Butter, Eiern und Milch zubereiten. In eine große, eingefettete Auflaufform geben. Mit der Gabel mehrmals einstechen.
Das Fleisch mit Oliven, Tomaten und kleingeschnittenen Palmenherzen vermischen. Eventuell nachsalzen und -pfeffern. Käse zufügen und in die Form geben. Mit Paniermehl oder geriebenem Käse bestreuen. Im vorgeheizten Ofen bei 220° etwa eine Stunde backen.

◆

Fisch
Peixes

◆

◆ Die Fischfilets mit Zitronensaft, Salz, Knoblauch und gehacktem Cheiro Verde würzen. Einige Stunden ziehen lassen.
Die Filets in Mehl wenden und in heißem Öl 5 bis 10 Minuten braten. Warm stellen.
Für die Sauce in einem großen Topf Butter schmelzen und die Zwiebeln darin anbraten. Das Stärkemehl in etwas Kokosmilch anrühren und zufügen, salzen und pfeffern. Kochen, bis die Masse ein wenig eindickt. Käse, Sahne und den Rest der Kokosmilch zugeben. Etwa 1 Minute kochen, eventuell nachwürzen.
Fischfilets und Sauce getrennt reichen.

Fisch erhält einen intensiveren Geschmack, wenn man ihn vor der Zubereitung mit Zitronenhälften abreibt bzw. mit Zitronensaft beträufelt.

Köstliches Fischfilet
Peixe Delícia

einige Stunden marinieren
für 4-6 Personen

1 kg Fischfilets
1 Zitrone (Saft)
2-3 Knoblauchzehen
1 Bund Cheiro Verde
Mehl
Öl oder Butter

für die Sauce:
2 EL Butter
2 gehackte Zwiebeln
1-2 EL Stärkemehl
1 Tasse Kokosmilch
200 g geriebener Käse
1 Becher Sahne

◆ Den Fisch säubern, mit Zitrone und anschließend mit 2 TL Salz, 1 TL Pfeffer sowie Öl einreiben. In eine eingefettete feuerfeste Form legen und bei 200° etwa 20 Minuten braten.
Währenddessen die Sauce zubereiten: Zwiebeln in Butter dünsten, den in $1/2$ l kochendem Wasser aufgelösten Brühwürfel sowie Paprika hinzufügen und kochen, bis eine dickflüssige Sauce entsteht. Nacheinander Creme de Leite und Zitronensaft hinzugießen und erhitzen, ohne zu kochen. Die Sauce über den gebratenen Fisch gießen und sofort servieren.

Variante:
100 g frische oder getrocknete Krabben in die Sauce geben.

Fisch in Sahnesauce
Peixe com Creme

für 5-6 Personen

1 kg Fischfilets
$1/2$ Zitrone
2 EL Olivenöl

für die Sauce:
2 große, gehackte Zwiebeln
1 EL Butter
1 Würfel Fleischbrühe
1 TL Paprika
1 Dose Creme de Leite
2 EL Zitronensaft

Fisch auf brasilianische Art
Peixe à Brasileira

3 Stunden marinieren
für 6 Personen

1 Fisch (1 1/2-2 kg)
1 Zitrone
1/2 Tasse Olivenöl
4-5 Zwiebeln
4-5 Tomaten
5-6 Kartoffeln

für die Marinade:
2 Zitronen (Saft)
2 Knoblauchzehen
1 Bund Cheiro Verde
gemahlener Kreuzkümmel
1/2 Glas trockener Weißwein

◆ Den Fisch säubern und mit Zitronenscheiben innen und außen abreiben. Für die Marinade Zitronensaft, zerdrückten Knoblauch, gehackten Cheiro Verde, eine Prise Kreuzkümmel, 1 EL Salz und 1 TL Pfeffer miteinander vermischen, den Fisch damit einreiben und etwa zwei Stunden einwirken lassen. Wein zufügen und weiter ziehen lassen, bis die Flüssigkeit fast aufgesogen ist.
Öl erhitzen, Zwiebelringe und gehäutete Tomaten andünsten. Den Fisch vorsichtig darauflegen, kurz von beiden Seiten anbraten. Etwa 3 Tassen Wasser zugießen, die geviertelten Kartoffeln zufügen und alles etwa 15 Minuten schmoren. Den Fisch wenden und weitere 15 Minuten kochen, bis die Kartoffeln weich sind. Den Fisch herausnehmen und auf einer Platte anrichten. Die Kartoffeln dazulegen.
Beilagen: Pfeffersauce (Seite 109), Fischsud-Pirão (Seite 132)

Varianten:
▷ Statt eines ganzen Fisches Fischfilets verwenden.
▷ 200 g Krabben unter die Zwiebeln mischen.

Klippfisch in Kokosmilch
Bacalhau com Leite de Coco

2 Stunden Vorbereitungs-
und Kochzeit
für 4 Personen

500 g Klippfisch
500 g Kartoffeln
6 reife Tomaten
4 Zwiebeln
2-3 Knoblauchzehen
1 Bund Cheiro Verde
1/2 Tasse Olivenöl
100 g grüne Oliven
2 Tassen Kokosmilch

◆ Den Klippfisch zum Entsalzen mindestens eine Stunde in kaltes Wasser legen. In kleine Stücke zerteilen, ohne ihn zu zerfasern. Tomaten häuten und in Scheiben schneiden.
Fisch, geriebene Zwiebeln, Tomaten, zerdrückten Knoblauch, gehackten Cheiro Verde und Öl in einen großen Topf geben und mit wenig Wasser etwa 30 Minuten kochen.
Mit etwas Wasser aufgießen. Geviertelte Kartoffeln und Oliven hinzufügen. Wenn die Kartoffeln nach 20 bis 30 Minuten weich sind, Kokosmilch zugießen und bei stärkerer Hitze ein wenig einkochen, so daß eine dickflüssige Sauce entsteht.

◆ Für die Marinade alle Zutaten miteinander vermischen und den Fisch zwei bis drei Stunden darin einlegen.

Paprika, Tomaten, Zwiebeln, Knoblauch in Ringe schneiden, kurz andünsten und den Fisch dazugeben. Mit der Hälfte des Öls übergießen und 15 Minuten schmoren. Wenden und weitere 15 Minuten schmoren.

Kurz vor dem Servieren mit gehackter Petersilie bestreuen und mit dem restlichen Öl begießen.

Varianten:

▷ In einer tiefen Pfanne oder einem Bratentopf die Hälfte des Olivenöls erhitzen und den Fisch kurz darin anbraten. Herausnehmen und warm stellen. Die Hälfte der in Ringe geschnittenen Tomaten, Paprika und Zwiebeln in dasselbe Öl geben, etwas salzen und die Filets schichtweise darauflegen. Mit dem Rest der Gemüseringe bedecken, erneut salzen, mit dem restlichen Olivenöl begießen und bei geschlossenem Topf etwa 45 Minuten langsam schmoren.

▷ Bei der ersten Variante 250 g Krabben in die obere Gemüseschicht mischen.

▷ Mit 1/2 Tasse Kokosmilch verfeinern.

Fisch in Olivenöl
Peixe com Azeite Doce

2-3 Stunden marinieren
für 4-6 Personen

1 kg Fisch (Rotbarsch,
    Kabeljau) in Scheiben von
    3-5 cm Dicke
4 Paprikaschoten
6 Tomaten
6-8 Zwiebeln
2-3 Knoblauchzehen
1/2 Tasse Olivenöl
1 Bund Petersilie

für die Marinade:
1 Zitrone (Saft)
2 EL Tomatenmark
1 Knoblauchzehe
frischer Koriander
weißer Pfeffer, Salz

Fisch in Palmöl
Moqueca de Peixe

für 4-6 Personen

1 kg Fisch in Scheiben
1 Zitrone (Saft)
1 Tasse Kokosmilch
½ Tasse Palmöl

für die Gewürzpaste:
2 Tomaten
1 große, gehackte Zwiebel
2-3 Knoblauchzehen
1 Bund Cheiro Verde

◆ Den Fisch säubern, mit Zitronensaft beträufeln und abtropfen lassen.

Für die Gewürzpaste zerkleinerte Tomaten, Zwiebel, zerdrückten Knoblauch, gehackten Cheiro Verde, 1 TL Pfeffer und 2 TL Salz miteinander vermischen. Den Fisch damit einreiben und mindestens eine Stunde einwirken lassen.

Den Fisch mit der Marinade in eine große Deckelpfanne legen, die mit 1 Tasse Wasser vermischte Kokosmilch und das Palmöl darübergießen. Den Topf schließen und bei starker Hitze etwa 20 Minuten den Fisch weich kochen. Den Topf geschlossen halten, damit das Aroma der Gewürze nicht entweicht. Danach weitere 15 Minuten leicht köcheln.

Beilagen: weißer oder gewürzter Reis (Seite 135) oder Fischsud-Pirão (Seite 132); Pfeffersauce (Seite 109)

Varianten:
▷ Wenn der Fisch zu kochen beginnt, weiteres Palmöl und 1 weitere Tasse Kokosmilch zugießen.
▷ Sechs kleine, gewürfelte Kartoffeln im Fischtopf mitkochen.

◆ Den Fisch mit Zitronensaft, Knoblauch, Salz und Pfeffer würzen. In einen Topf legen, mit wenig Wasser fast bedecken und den Topf schließen. 20 bis 30 Minuten kochen, bis sich die Haut ablöst und der Fisch zerfällt. Haut und Gräten entfernen. Den Fischsud abgießen, etwa ein Viertel für die Sauce zur Seite stellen.

Für die Sauce Butter schmelzen und vom Herd nehmen, Stärkemehl hinzufügen. Pfeffern, salzen und alles vermengen. Die Milch zugießen, wieder auf den Herd stellen und unter ständigem Rühren eindicken. Vom Herd nehmen und 10 Minuten abkühlen lassen.

Eiweiß zu steifem Schnee schlagen, Eigelb verquirlen. Den enthäuteten, entgräteten und zerpflückten Fisch sowie die Eigelb in die Milchsauce geben und verrühren. Den Eischnee vorsichtig unterziehen.

Die Masse in eine eingefettete und mit Paniermehl ausgestreute feuerfeste Auflaufform füllen. Mit dem Löffelrücken den Rand entlang eine etwa 3 cm tiefe Rille in die Masse drücken. Die Form in ein heißes Wasserbad stellen und das Soufflé im Ofen bei 175° etwa eine Stunde backen.

Für die Sauce die Krabben mit Schale in Salzwasser etwa 15 Minuten kochen. Wenn sie weich sind, säubern und in kleine Stücke schneiden. Stärkemehl in Milch anrühren und in den zur Seite gestellten Fischsud einrühren. Krabben, verquirltes Eigelb und Pfeffer hinzufügen. Geschmolzene Butter untermischen und alles zum Kochen bringen.

Sofort heiß servieren und die Krabbensauce dazu reichen.

Variante:
Gefrorene Krabben oder solche aus der Dose müssen nicht mehr in Salzwasser abgekocht werden. Sofort in kleine Stücke schneiden.

Fisch-Soufflé mit Krabbensauce
Suflé de Peixe com Molho de Camarão

für 6 Personen

1 kg Fischstücke (Kabeljau, Rotbarsch, Seehecht)
$1/2$ Zitrone (Saft)
2-3 Knoblauchzehen
5 EL Butter
2 gehäufte EL Stärkemehl
$1^1/2$ Tassen Milch
5 Eiweiß
4 Eigelb
2 EL Paniermehl

für die Sauce:
500 g Krabben mit Schale
3 EL Stärkemehl
400 ml Milch
1 Eigelb
2 EL Butter oder Margarine

Sardinen-Soufflé
Suflé de Sardinha

für 6 Personen

2 Dosen Ölsardinen
500 g Kartoffeln
3 Eigelb
1 Päckchen Backpulver
2 EL Butter
50 g geriebener Käse
1 Bund Cheiro Verde
2 hartgekochte Eier
150 g schwarze oder grüne
   Oliven
1 Tasse Milch
Paniermehl
4-5 EL Mayonnaise
2 EL Joghurt
Brunnenkresse oder Kopfsalat

◆ Kartoffeln schälen, in Salzwasser kochen und durch die Kartoffelpresse drücken. Das Püree in eine Schüssel geben, Eigelb, Backpulver, Butter, Käse, gehackten Cheiro Verde, Sardinen, 1 TL Salz, ½ TL Pfeffer und zum Schluß gehackte Eier, kleingeschnittene Oliven und Milch hinzufügen, vorsichtig untermengen. In eine eingefettete und mit Paniermehl ausgestreute feuerfeste Form geben und im Ofen bei 220° etwa 50 Minuten bakken.
Aus dem Herd nehmen, abkühlen lassen und auf einen großen Teller stürzen. Mit einer Mayonnaise-Joghurt-Sauce überziehen und mit Kresse oder in feine Streifen geschnittenem Salat garnieren.

Sardinen-Käse-Torte
Torta de Sardinha e Queijo

für 6 Personen

2 Tassen Milch
3 Eier
1 Tasse Öl
1 Brühwürfel
1 Päckchen Backpulver
1½ Tassen Mehl

für die Füllung:
3 Tomaten
1 kleine Zwiebel
Öl
Oregano
1 kleine Dose Sardinen
150 g Schmelzkäse
1 kleine Dose Palmenherzen

◆ Milch, Eier, Öl und Brühwürfel mit einem Handrührer verquirlen. Nach und nach das mit Backpulver vermengte Mehl zufügen und zu einem Teig verrühren.
Für die Füllung Tomaten in Scheiben und Zwiebeln in Ringe schneiden. Mit Öl, Oregano, Salz und Pfeffer würzen. Boden und Wände einer Auflaufform von etwa 24 cm Durchmesser mit zwei Dritteln des Teigs auslegen und schichtweise Tomaten und Zwiebeln, Sardinen, Käse und Palmenherzen hineingeben. Mit der restlichen Teigmasse bedecken und im Ofen bei 250° etwa 50 Minuten backen.

◆

Krabben
Camarões

◆

Falls nicht anders angegeben, handelt es sich in den Rezepten um frische Krabben, die im Handel bereits vorgekocht und ohne Schalen erhältlich sind.

Krabbengerichte schmecken besonders gut, wenn die Meerestiere vor der Zubereitung mit Zitronensaft vermischt werden.

Ein ganz besonderer Leckerbissen ist dieses Gericht aus Rio de Janeiro, bei dem sich ganz unterschiedliche Geschmacksrichtungen zu einer überraschenden Mischung verbinden.

◆ Chayoten schälen, würfeln und mit Wasser bedecken, damit sie frisch bleiben.
Köpfe und Schwänze der Krabben abtrennen und etwa 30 Minuten aufkochen. Den durchgeseihten Sud zur Seite stellen. Die Krabben selbst 5 Minuten kochen, um sie besser von der Schale lösen zu können.
Öl erhitzen und Zwiebel, Knoblauch, Tomate sowie gehackte Petersilie andünsten. Krabben hinzufügen und 10 Minuten kochen. Chayoten sowie Krabbensud zugeben und höchstens 15 Minuten kochen, bis die Chayoten gar sind.

Varianten:
Die Krabben lassen sich auch mit Porree, Palmenherzen, Erbsen, Mais, in Röschen zerteiltem Blumenkohl oder anderem Gemüse in Olivenöl mit viel Zwiebeln, mit oder ohne Tomaten und Knoblauch zubereiten.

◆ Zwiebeln, Knoblauch, Tomaten, Tomatenmark und gehacktes Cheiro Verde in Öl kurz anbraten. Krabben zugeben. In kleine Würfel geschnittene Kartoffeln und Mais zufügen. Mit Pfeffer und Kreuzkümmel würzen. Wenn die Kartoffeln nach etwa 20 Minuten gar sind, die halb steifgeschlagene Sahne vorsichtig unterziehen. Nicht mehr kochen, jedoch warm halten.

Varianten:
▷ Den Mais durch eine kleine Dose Erbsen ersetzen.
▷ Statt Sahne Crème fraîche verwenden.

Krabben mit Chayoten
Camarão com Chuchu

für 4 Personen

500 g Krabben mit Schale
500 g Chayoten
1/2 Tasse Pflanzenöl, Olivenöl
    oder Butter
1 gehackte Zwiebel
1 Knoblauchzehe
1 Tomate
1 Bund Petersilie

Krabben-Stroganoff
Stroganoff de Camarão

für 6 Personen

500 g Krabben
4 gehackte Zwiebeln
2-3 gehackte Knoblauch-
    zehen
4 Tomaten
1 EL Tomatenmark
1 Bund Cheiro Verde
4 EL Olivenöl
4 Kartoffeln
1 Dose Mais
1 Becher Sahne
gemahlener Kreuzkümmel

Krabben-Pfanne
Frigideira de Camarão

für 4-6 Personen

500 g Krabben
4 EL Olivenöl
1 gehackte Zwiebel
2-3 Knoblauchzehen
4 Tomaten oder
   Tomatenmark
1 Tasse Kokosmilch
1 Bund Cheiro Verde
   (gehackt)
½ Zitrone (Saft)
1 Prise gemahlener
   Kreuzkümmel
5 Eier (Eiweiß und Eigelb
   getrennt)
geriebener Käse

zum Garnieren:
2 Tomaten
1 Zwiebel

Als Frigideira oder Fritada wird jede Fleisch- und Fischsorte (einschließlich Krabben) bezeichnet, die durch einen Fleischwolf gedreht oder sehr klein geschnitten, mit verquirlten Eiern vermischt und im Ofen gebacken wird. Ursprünglich wurde dazu eine Pfanne verwendet. Eine Fritada oder Frigideira kann auch aus verschiedenen Gemüsesorten zubereitet werden. Üblicherweise wird die Bezeichnung Frigideira von der Bevölkerung Bahias, den Baianos, gebraucht.

◆ Öl erhitzen, Zwiebel und zerdrückten Knoblauch darin andünsten. Die zerkleinerten Krabben und alle anderen Zutaten außer Eiern und Käse hineingeben und bei schwacher Hitze 10 Minuten kochen.
½ Tasse Wasser zugießen und einkochen, bis sich die Flüssigkeit auf die Hälfte reduziert hat. In eine eingefettete feuerfeste Form geben und erkalten lassen.
Eiweiß steif schlagen, nach und nach Eigelb hinzufügen, nach Geschmack Käse unterheben. Zwei Drittel der Eimasse vorsichtig unter die Krabben rühren. Das restliche Drittel salzen und pfeffern, über die Krabben geben. Mit Tomatenscheiben und dünnen Zwiebelringen nach Belieben garnieren.
Im vorgeheizten Ofen bei 220° 20 Minuten backen.

Varianten:
Eine Dose Mais, Erbsen, Porree oder Palmenherzen bzw. vorgekochte, gewürfelte Kartoffeln zugeben.

◆ Für die Marinade alle Zutaten miteinander vermischen und die geschälten Krabben ein bis zwei Stunden darin einlegen.

Etwas Palmöl erhitzen und Zwiebel, geviertelte Tomaten sowie die in dünne Streifen geschnittene Paprika kurz darin dünsten. Die Krabben mit der Marinade hinzufügen. Mit Wasser bedecken und bei schwacher Hitze etwa 15 Minuten kochen.

Die getrockneten Krabben zufügen – darauf kann man verzichten, sie verleihen dem Gericht jedoch einen besonderen Geschmack und sind typisch für die bahianische Küche. Zum Schluß Kokosmilch und restliches Palmöl zugießen, weitere 5 Minuten kochen.

Krabben auf bahianische Art
Camarão à Baiana

1-2 Stunden marinieren
für 4-6 Personen

500 g Krabben
1 gehackte Zwiebel
4 Tomaten
1 Paprikaschote
3-4 EL getrocknete,
    gemahlene Krabben
200 ml Kokosmilch
6-8 EL Palmöl

für die Marinade:
2 EL Olivenöl
$1/2$ Zitrone (Saft)
1-2 gehackte Knoblauch-
    zehen
1 Bund Cheiro Verde
    (gehackt)
gemahlener Kreuzkümmel
Pfeffer, Salz

◆ In einem geschlossenen Topf die dünn geschnittenen Zwiebelringe in Butter weichdünsten. Kartoffelwürfel, Salz, Pfeffer und Kreuzkümmel zufügen, Wasser zugießen. Den Topf schließen und die Kartoffeln bei schwacher Hitze etwa 20 Minuten garen.

Währenddessen die Milch mit dem Käse erhitzen, bis dieser sich auflöst – nicht kochen.

Die Krabben in die Kartoffelmasse geben und etwa 10 Minuten kochen, bis sie rosig sind. Die Milch-Käse-Mischung unterrühren und alles noch einmal erhitzen, ohne zu kochen.

In einer Terrine servieren und mit Petersilie bestreuen.

Krabben in Käsesauce
Camarões ao Molho de Queijo

für 8 Personen

1 kg Krabben
4 große Zwiebeln
$1/2$ Tasse Butter
4-6 große Kartoffeln
gemahlener Kreuzkümmel
1 Tasse heißes Wasser
$1 1/2$ l Milch
2 Tassen geriebener
    würziger Käse
3 EL gehackte Petersilie

Spaghetti-Krabben (Auflauf)
Camarão com Macarrão

für 4-6 Personen

500 g Spaghetti
500 g Krabben
1 Glas Weißwein
1 Knoblauchzehe
2 EL Butter oder Margarine
1 große, gehackte Zwiebel
6 Tomaten oder
   Tomatenmark
1 Lorbeerblatt
je 1 rote und grüne Paprikaschote
gehackte Petersilie
gehackter Schnittlauch
4 EL Olivenöl
½ Tasse Milch oder
   Kokosmilch
30 g geriebener Parmesan

◆ Die Spaghetti kochen. Die Krabben mit Wein, Knoblauch, Salz und Pfeffer etwas ziehen lassen. Butter erhitzen und Zwiebel, Tomaten, Lorbeerblatt, Paprika und Kräuter ein wenig anbraten. Krabben und Öl hinzufügen, 20 bis 30 Minuten schmoren. Milch zugießen und alles bei schwacher Hitze kochen, bis die Sauce sämig wird.
Spaghetti und Krabbenmasse in eine eingefettete Auflaufform füllen, mit Käse bestreuen.

Varianten:
▷ Die Spaghetti-Krabben im Backofen bei 200° etwa 20 Minuten gratinieren.
▷ Den Parmesan durch 300 g Schmelzkäse ersetzen, dann auf jeden Fall gratinieren.

◆

Saucen
Molhos

◆

◆ Zwiebeln, Knoblauch und 1 TL Salz mit Limonensaft und Öl in einem Mörser zerdrücken. Gehackte Petersilie, Koriander und Pfeffer zufügen. Nochmals zerdrücken und ziehen lassen. Nach Geschmack mit etwas Essig verlängern.
Eigent sich zu allen afrobrasilianischen Speisen, zu Cozido, Fisch- und Krabbengerichten.

Die Pfefferschoten schmecken nicht so scharf, wenn man sie nicht zerdrückt, sondern kleinschneidet.

Variante:

◆ Zusätzlich 2 bis 3 EL Palmöl und 50 g gemahlene, getrocknete Krabben zufügen.

◆ Tomaten, Zwiebeln und Cheiro Verde kleinschneiden, mit zerdrücktem Knoblauch vermischen. Öl und Zitronensaft zugießen, 2 TL Salz und 1 TL Pfeffer zufügen. Ziehen lassen.

Eignet sich zu gegrilltem Fleisch oder Hähnchen.

Pfeffersauce
Molho de Pimenta

100 g Malaguetta-Pfeffer
2 Zwiebeln
1 Knoblauchzehe
2 Limonen (Saft)
2 EL Olivenöl
1 Bund Petersilie
1 Bund Korianderblätter
Weinessig

Bahianische Pfeffersauce
Molho de Pimenta Baiano

Scharfe Churrasco-Sauce
Molho de Churrasco

2-3 Tomaten
3 Zwiebeln
1 Bund Cheiro Verde
1 Knoblauchzehe
3 EL Pflanzen- oder Olivenöl
2 Zitronen (Saft)

Wein-Knoblauch-Marinade
Vinha d'Alhos

für 1 kg Fleisch

1 kleine Zwiebel
3-4 Knoblauchzehen
1/2 Glas trockener Weißwein

◆ Die geriebene Zwiebel, Knoblauch, 1 EL Salz und 1 TL Pfeffer fein zerstampfen. Wein zugeben. Das Fleisch einige Stunden oder über Nacht darin einlegen.

Würzmischung nach Hausfrauenart
Tempero Feito em Casa

1 Tasse Öl
2 kleine, gehackte Zwiebeln
6-8 Knoblauchzehen
1 Bund Cheiro Verde
2 EL Salz
2 TL Pfeffer
nach Geschmack:
Malaguetta-Pfeffer

◆ Alle Zutaten im Mixer gründlich schlagen und in einem hohen, verschließbaren Gefäß aufbewahren.

◆

Gemüse
Legumes

◆

Für diese Zubereitungsart eignen sich folgende Gemüsesorten: Kürbis, Chayoten, Möhren, Couve Mineira, Weißkohl, grüne Bohnen, Kohlrabi, Porree, Mais, Erbsen, Linsen, schwarze, weiße und braune Bohnen, Okras, Zucchini oder Kartoffeln. In Brasilien gelten Kartoffeln als Gemüse und nicht als Beilage wie Reis, Farofa oder Nudeln.

◆ Öl erhitzen, Zwiebeln und etwas zerdrückten Knoblauch kurz darin anbraten. Die Gemüse ebenfalls kurz anbraten. Gehackte Kräuter, Salz und Pfeffer zufügen. Mit sehr wenig Wasser weiterdämpfen, bis das Gemüse gar ist. Eventuell etwas Olivenöl in das fertige Gericht mischen. Nach Geschmack mit Tomaten oder Tomatenmark verfeinern.

Variante:

◆ Gemüse zubereiten und in eine eingefettete feuerfeste Form geben. Käse untermischen und Butterflöckchen daraufsetzen. Im Ofen bei 200° 30 bis 40 Minuten gratinieren.

Varianten:
▷ Bei Möhren, Kohlrabi, Blumenkohl, grünen Bohnen oder Chayoten nach Belieben etwas gewürfelten Schinken untermischen.
▷ Gemüse mit Käsescheiben bedecken und eventuell mit Paniermehl bestreuen.

◆ Die Rippen der Kohlblätter entfernen, jeweils einige Blätter zusammenrollen und mit einem scharfen Messer oder Hobel in sehr feine Streifen schneiden.
Zwiebeln und Knoblauch in heißem Öl anbraten, den Kohl hineingeben und 5 bis 6 Minuten anbraten – nicht länger, damit seine dunkelgrüne Farbe erhalten bleibt. Salzen und pfeffern.

Grundrezept für gedämpftes Gemüse
Receita Básica de Legumes

Olivenöl
gehackte Zwiebeln
Knoblauchzehen
Petersilie
Schnittlauch
frischer Koriander
eventuell: Tomaten oder
  Tomatenmark

Grundrezept für gratiniertes Gemüse
Legumes Gratinados

3-4 EL geriebener Käs
  pro kg Gemüse
Butter oder Margarine

Grüner Kohl aus Minas Gerais
Couve Mineira

für 6 Personen

1 Couve Mineira
1 gehackte Zwiebel
2 gehackte Knoblauchzehen
2 EL Öl

Grüne Bohnen mit getrockneten Krabben (Auflauf)
Vagem com Camarão Seco

für 6 Personen

500 g grüne Bohnen
500 g getrocknete Krabben
  ohne Schale
2 Tomaten
1 EL Olivenöl
1 große Zwiebel
gehackte Petersilie
frischer Koriander
1 EL Zitronensaft
4 Eier
2 EL Stärkemehl

◆ Bohnen säubern und in kleine Stücke schneiden. Tomaten häuten und entkernen.
In einem Bratentopf Öl erhitzen und die geriebene Zwiebel, Tomaten sowie Kräuter kurz darin andünsten. Die Krabben mit Zitronensaft zufügen und kochen. Bohnen zugeben, salzen und pfeffern, weich kochen – gegebenenfalls etwas Wasser zugießen.
Die recht trockene Bohnen-Krabben-Masse in eine Auflaufform geben. Eier verquirlen, Stärkemehl hineinrühren und über die Masse geben. Die Form zudecken und den Auflauf im vorgeheizten Ofen bei 200° etwa 40 Minuten backen.
Beilage: Farofa oder Reis

Varianten:
▷ Die Bohnen durch 500 g Weißkohl ersetzen.
▷ Statt Wasser $1/2$ Tasse Kokosmilch hinzufügen.

Grüne-Bohnen-Pfanne (Auflauf)
Fritada de Vagens

für 6 Personen

1 kg grüne Bohnen
Olivenöl
3 gehackte Zwiebeln
1 Knoblauchzehe
6 Eier (Eiweiß und
  Eigelb getrennt)
3 EL geriebener Käse

zum Garnieren:
2 Tomaten
1 Zwiebel

◆ Öl erhitzen, Zwiebeln und zerdrückten Knoblauch kurz darin anbraten. Die Bohnen kleinschneiden und ebenfalls kurz anbraten, salzen und pfeffern. Mit sehr wenig Wasser weiterdämpfen, bis die Bohnen gar sind.
Eiweiß zu steifem Schnee schlagen, die verquirlten Eigelb unterziehen. Zwei Drittel dieser Masse unter die Bohnen mischen. In eine eingefettete feuerfeste Form geben und mit dem restlichen Eierschaum bedecken. Mit Käse bestreuen, mit Tomatenscheiben und Zwiebelringen garnieren. Im vorgeheizten Backofen bei 200° 30 bis 40 Minuten gratinieren.

◆ Die Gemüse kleinschneiden und getrennt in Salzwasser kochen. Abtropfen lassen.
Für die Creme Butter bei schwacher Hitze bräunen und Mehl zufügen. Unter ständigem Rühren nach und nach die Hälfte der Milch zugießen. Das Ei unterziehen und weiterrühren, damit sich keine Klümpchen bilden. Den Rest der Milch zugießen, salzen und pfeffern. Vom Herd nehmen und den Parmesan einrühren. Zum Schluß die Gemüse in die Creme geben und alles gründlich vermischen.
Die Masse in eine eingefettete feuerfeste Form geben, mit etwas geriebenem Käse oder Paniermehl bestreuen. Bei 180° etwa 45 Minuten backken. Heiß servieren.

Gemüsekuchen (Auflauf)
Bolo de Legumes

für 4-6 Personen

250 g Möhren
250 g grüne Bohnen
250 g Chayoten

für die Creme:
1 EL Butter oder Margarine
2 EL Stärkemehl
1/2 l Milch
1 Ei
2 EL Parmesan oder anderer
  geriebener Käse
geriebener Käse oder
  Paniermehl

◆ Die Möhren säubern und in feine Scheiben schneiden. In einem Topf Öl und Butter erhitzen, Zwiebel, gehackten Sellerie, Lorbeerblatt, Nelken und zuletzt die Möhren darin andünsten. Mit Cognac ablöschen und diesen verdunsten lassen. Den Brühwürfel in 1 Tasse kochendem Wasser auflösen und zugießen, eventuell nachsalzen und -würzen. Bei schwacher Hitze köcheln, bis die Möhren weich sind und die Brühe ein wenig einkocht. Lorbeerblatt und Gewürznelken herausnehmen. Petersilie und Paprika hinzufügen und gründlich unterrühren.
Auf einer Platte anrichten und mit Creme de Leite übergießen.
Beilagen: Roastbeef (Seite 81), weißer Reis (Seite 135)

Möhren mit Cognac
Cenouras ao Conhaque

für 6 Personen

800 g Möhren
1 EL Öl
2 EL Butter
1 gehackte Zwiebel
1 Stange Sellerie
1 Lorbeerblatt
2 Gewürznelken
1 Glas Cognac
1 Würfel Fleischbrühe
gehackte Petersilie
Paprika
1 Dose Creme de Leite

Blumenkohl-Pudding
Pudim de Couve-Flor

für 4-6 Personen

1 kg Blumenkohl
1 Lorbeerblatt
Butter oder Margarine
2 EL Mehl
½ l Milch
50 g geriebener Parmesan
geriebene Muskatnuß
5 Eier

◆ Blumenkohl in Röschen zerteilen und mit dem Lorbeerblatt in Salzwasser geben. Weich kochen, abtropfen lassen und durch ein Sieb passieren. Butter schmelzen, Blumenkohl zugeben und glattrühren.
In einem zweiten Topf aus 50 g Butter, Mehl, Milch und einer Prise Salz eine Mehlschwitze zubereiten. Unter den Blumenkohl mischen, Käse zufügen, eventuell mit einer Prise Muskat abschmecken. Nach und nach die Eier unterrühren, bis eine glatte Creme entsteht. In eine eingefettete feuerfeste Form füllen und im Ofen bei 200° etwa 45 Minuten backen, bis sie eine gleichmäßige goldbraune Farbe angenommen hat.

Variante:
Um den Pudding in ein Soufflé zu verwandeln, zunächst nur die Eigelb in die Masse rühren, das steifgeschlagene Eiweiß zum Schluß vorsichtig unter die Creme heben.

Palmenherzen auf Espírito-Santo-Art
Palmito à Capixaba

für 6 Personen

1 Dose Palmenherzen
  (etwa 800 g)
1 Paprikaschote
3 Tomaten
1 Zwiebel
1 Bund Petersilie
½ Bund Korianderblätter
200 ml Olivenöl
2 Knoblauchzehen
200 g Oliven

◆ Paprika, Tomaten, Zwiebel sowie Kräuter kleinschneiden und in einem Topf in Öl dünsten. Zerdrückten Knoblauch zufügen, die in kleine Stücke geschnittenen Palmenherzen und Oliven hineingeben und alles kochen, bis die Sauce dickflüssig wird.

Variante:
Die Masse in eine eingefettete feuerfeste Form geben, mit drei verquirlten Eiern bedecken und bei 175° 15 Minuten backen.

◆ Die Zwiebeln schälen und in Salzwasser etwa 15 Minuten weich kochen.
Währenddessen aus Butter, Mehl und Milch eine Mehlschwitze zubereiten. Das Zwiebelwasser zugießen, die Zwiebeln in eine feuerfeste Form geben. Die Creme darübergießen, mit etwas Paprika und geriebenem Käse bestreuen. Im Ofen bei 160° einige Minuten überbacken, bis der Käse schmilzt.
Beilage: Roastbeef (Seite 81)

Zwiebel-Creme
Cebolas ao Creme

für 6 Personen

30-36 kleine weiße Zwiebeln
   oder Silberzwiebeln
6 EL Butter oder Margarine
3 EL Mehl
1 1/2 Tassen Milch
Paprika
1 Tasse geriebener Käse
   (mittelalter Gouda oder
   Parmesan)

◆ Butter schmelzen, Mehl sowie Salz zufügen und gründlich verrühren. Unter ständigem Rühren nach und nach die Milch zugießen, Eigelb und Möhren einrühren. Die Masse erkalten lassen, das steifgeschlagene Eiweiß unterheben. In einer eingefetteten feuerfesten Form im auf 180° vorgeheizten Ofen etwa 40 Minuten backen.

Möhren-Soufflé
Suflé de Cenoura

für 4-6 Personen

2 Tassen gekochte und
   pürierte Möhren
3 EL Butter
3 EL Mehl
1 Tasse heiße Milch
3 Eier (Eiweiß und Eigelb
   getrennt)

◆ Die Salatblätter in feine Streifen schneiden. Butter schmelzen und die Zwiebel darin andünsten, jedoch nicht bräunen. Mehl zufügen und leicht rösten, salzen. Milch zugießen, aufkochen und vom Herd nehmen. Eigelb sowie Salat zufügen. Gründlich mischen und das steifgeschlagene Eiweiß unterziehen. Mit Käse bestreuen und in einer eingefetteten feuerfesten Form im Ofen bei 220° 40 Minuten backen.

Kopfsalat-Soufflé
Suflé de Alface

für 4-6 Personen

2 Kopfsalate
1 gehäufter EL Butter
2 EL geriebene Zwiebel
2 EL Weizenmehl
150 ml Milch
3 Eier (Eiweiß und Eigelb
   getrennt)
3 gehäufte EL geriebener Käse

Spinat-Soufflé
Suflé de Espinafre

für 4-6 Personen

1 kg frischer Spinat
2 EL Butter
2 EL Mehl
5 Eier (Eiweiß und Eigelb
    getrennt)
1/2 Tasse Milch
1/2 Tasse geriebener Käse

◆ Den Spinat kochen, abtropfen lassen und zerkleinern. Nochmals abtropfen lassen. Butter schmelzen, den Spinat hinzufügen und vermischen. Mehl, Salz und Eigelb zugeben und gründlich verrühren. Unter ständigem Rühren nach und nach die Milch zugießen und kochen, bis die Masse eindickt. Vom Herd nehmen, Käse und steifgeschlagenes Eiweiß unterheben. Die Masse in eine eingefettete feuerfeste Form geben und im Ofen bei 220° etwa 40 Minuten backen.

Variante:
Den frischen Spinat durch tiefgekühlten ersetzen.

Mais-Soufflé
Suflé de Milho Verde

für 4-6 Personen

2 Dosen Mais
1 gehackte Zwiebel
1 Knoblauchzehe
2 EL Butter
2 EL Mehl
400 ml Milch
4 Eier (Eiweiß und Eigelb
    getrennt)
1 EL gehackte Petersilie
3 EL geriebener Käse
weißer Pfeffer

◆ Zwiebel und Knoblauch in 1 EL Butter glasig werden lassen. Mais zugeben und 10 Minuten dämpfen.
Aus Mehl, 1 EL Butter und Milch eine Mehlschwitze zubereiten. Den Topf vom Herd nehmen, nach und nach die Eigelb zufügen, gründlich verrühren und die Creme wieder zum Kochen bringen. Mais, Petersilie und Käse zufügen, mit Pfeffer und Salz würzen. Mischen und etwas erkalten lassen. Das steifgeschlagene Eiweiß vorsichtig unter die Creme ziehen und alles in eine eingefettete feuerfeste Form füllen. Im vorgeheizten Ofen bei 200° etwa 45 Minuten backen.

Chayoten-Soufflé
Suflé de Chuchu

für 4-6 Personen

4 Chayoten
1 gehackte Zwiebel
1 gehackte Knoblauchzehe
1 EL Butter
1 EL Schnittlauch

◆ Zwiebel und Knoblauch in Butter anbraten. Geschälte und gewürfelte Chayoten hinzufügen, salzen und pfeffern, etwa 15 Minuten andünsten. Bei geschlossenem Topf weitere 10 Minuten kochen.
Schnittlauch zugeben und die Masse in eine eingefettete Auflaufform geben. Das Eiweiß steif schlagen, nach und nach die Eigelb zufügen. Das Stärkemehl in Milch anrühren, unter das Ei geben und über die Gemüsemasse gießen. Mit Käse

bestreuen und im Ofen bei 175° etwa 40 Minuten backen.

◆ Die Bohnen über Nacht einweichen.
Am nächsten Tag in einem Topf Öl erhitzen, Zwiebel und Knoblauch darin anbraten. Die Bohnen mit dem Einweichwasser dazugießen – das Wasser soll die Bohnen bedecken. Salzen und eine bis anderthalb Stunden weich kochen. Wenn nötig, Wasser zugießen.

◆ Bohnen über Nacht einweichen. Am nächsten Tag weich kochen, im Mixer pürieren und durch ein Sieb passieren.
Die Kokosmilch in die Bohnenmasse rühren, Zukker und 1 TL Salz zufügen. Zum Kochen bringen, bis ein dickflüssiger Brei entsteht.

Die Bohnen ißt man mit Löffeln aus Schälchen als Beilage zu afrobrasilianischen Gerichten.

Varianten:
▷ Die Bohnen ohne oder mit weniger Zucker zubereiten.
▷ Die Kokosmilch durch sehr fetthaltige Kondensmilch oder Sahne ersetzen.
▷ Zum Schluß 2 bis 3 EL Palmöl hinzufügen.

5 Eier (Eiweiß und Eigelb
   getrennt)
2 EL Stärkemehl
1/2 Tasse Milch
3 EL geriebener Käse

Bohnen nach Hausfrauenart
Feijão Caseiro

am Vortag beginnen
für 4 Personen

500 g Bohnen
2 EL Öl oder Butter
1 gehackte Zwiebel
1 gehackte Knoblauchzehe

Bohnen mit Kokosmilch
Feijão de Leite

am Vortag beginnen
für 6 Personen

500 g schwarze oder braune
   Bohnen
1-2 Tassen Kokosmilch
6 TL Zucker

Bohnen mit Palmöl
Feijão de Azeite

am Vortag beginnen
für 6 Personen

500 g Fradinho-Bohnen
3 EL getrocknete Krabben
1 gehackte Zwiebel
150 ml Palmöl

Das Gericht ist Bestandteil der afrobrasilianischen Küche.

◆ Bohnen über Nacht einweichen.
Am nächsten Tag die Krabben mit 1 TL Salz vermischen und stampfen. Bohnen, Zwiebel und Palmöl vermischen, Wasser zugießen und kochen, bis die Bohnen weich sind.
Die Krabben zugeben und nochmals kurz aufkochen.

Variante:
Fradinho-Bohnen können durch braune oder rote Bohnen ersetzt werden.

Bohnen mit Maniokmehl
Tutu de Feijão

am Vortag beginnen
für 6 Personen

500 g gekochte schwarze
   oder braune Bohnen
500 g Speck
150-200 g Maniokmehl
1 gehackte Zwiebel
1 Knoblauchzehe
Schnittlauch
Petersilie
2 hartgekochte Eier

Der Tutu ist in Minas Gerais eines der populärsten Gerichte.

◆ Die Bohnen nach Hausfrauenart (Seite 119) zubereiten. Mit dem Kochwasser im Mixer pürieren.
In einem Topf den gewürfelten Speck auslassen, bis sich Grieben bilden. Die Grieben herausnehmen und zur Seite stellen.
In demselben Fett Zwiebel, zerdrückten Knoblauch und gehackte Kräuter kurz andünsten, die Bohnen zugeben. Salzen und pfeffern. Unter ständigem Rühren Maniokmehl einstreuen, bis eine sämige Creme entsteht.
In eine Schüssel geben, die Grieben darüberstreuen und mit Eierscheiben garnieren.
Beilagen: Couve Mineira (Seite 113), Lingüiça

Variante:
Für Tutu eignen sich zum Beispiel die Bohnenreste einer Feijoada (Seite 57).

◆

Salate
Saladas

◆

◆ Salatblätter in drei bis vier Stücke zerteilen. Tomaten in Scheiben schneiden und Ananas würfeln.
Für die Sauce alle Zutaten gründlich miteinander vermischen, mit Salz abschmecken. Über den Salat gießen und ziehen lassen.

Tropischer Kopfsalat
Salada de Alface Tropical

für 6-8 Personen

1 Kopfsalat
3 Tomaten
1 kleine Dose Ananas

für die Sauce:
1 EL Sahne oder Joghurt
$1/2$ Zitrone (Saft)
eventuell etwas Olivenöl

◆ Für die Sauce Eier zerkleinern und mit Crème fraîche, Essig sowie einer Prise Salz vermischen. Über die in Scheiben geschnittenen Palmenherzen geben. Nach Geschmack Oliven zugeben.

Palmenherzensalat
Salada de Palmito

für 6-8 Personen

1 Dose Palmenherzen
100 g grüne Oliven

für die Sauce:
2 hartgekochte Eier
3 EL Crème fraîche oder
  Sahne
1 EL Weinessig

◆ Die Zwiebeln in sehr feine Ringe schneiden. Gehackten Schnittlauch und Öl untermischen, salzen.

Zwiebelsalat ist eine typische Beilage für Churrasco Gaúcho (Seite 62) und eignet sich – obwohl keine »klassische« Beilage – auch für Feijoada (Seite 57).

Zwiebelsalat
Salada de Cebola

3 Zwiebeln
1 Bund Schnittlauch
3 EL Olivenöl

Avocado-Salat
Abacate em Salada

für 6 Personen

3 Avocados
300 g Krabben mit Schale
1/3 Tasse Öl
3 EL weißer Essig
1 EL Zitronensaft
1 kleine, gehackte Zwiebel
1 TL Senf
1/2 TL Knoblauchsalz
1 kleine Dose Palmenherzen
1 Bund Petersilie
einige Salatblätter

◆ Krabben je nach Größe in zwei Stücke teilen. In einer Schüssel Öl, Essig, Zitronensaft, Zwiebel, Senf, Knoblauchsalz, 1 1/2 TL Salz und 1/2 TL Pfeffer mischen. In Scheiben geschnittene Palmenherzen und Krabben zufügen.
Die Avocados in der Mitte zerteilen und den Kern entfernen. Das Fruchtfleisch mit einem Teelöffel herauslösen und vorsichtig unter die Krabbenmischung mengen. Anschließend die Masse in die Avocadohälften füllen, mit Petersilie garnieren. Im Kühlschrank aufbewahren.
Vor dem Servieren jede Avocadohälfte auf einem Teller mit einem Salatblatt anrichten.

Mayonnaisen-Salat
Maionese

für 6-8 Personen

6 Kartoffeln
3 Möhren
4 Chayoten
200 g grüne Bohnen
1 Kohlrabi
1 kleine Dose Erbsen
4 Tomaten
Radieschen

zum Garnieren:
Kopfsalat
Tomaten

für die Sauce:
2 hartgekochte Eier
1 Bund Petersilie
1 Bund Schnittlauch
2 gehackte Zwiebeln
1 Glas Mayonnaise

Die Brasilianer nennen Maionese einen gemischten Salat, der mit einer schmackhaften Mayonnaise-Sauce angerichtet wird. Er besteht aus vielen Gemüsesorten und eventuell Krabben bzw. Fisch. Maionese gehört zu jedem Sonntags- und Festessen.

◆ Die Gemüse – außer Erbsen, Tomaten und Radieschen – vorkochen und in kleine Würfel schneiden. Alles gründlich vermischen.
Für die Sauce alle Zutaten miteinander vermischen. Über das Gemüse geben, eventuell nachwürzen.
Mit Salatblättern und Tomatenscheiben garnieren.

Varianten:
▷ 200 g gekochte und geschälte Krabben untermischen.
▷ 200 g geräucherten Fisch ohne Gräten zufügen.

◆ Bohnen und Mais abtropfen lassen, in eine tiefe Schüssel füllen. Tomaten und Gurke in feine Scheiben schneiden und zugeben. In einem Schälchen zerdrückten Knoblauch, Zucker, Salz, Pfeffer und geriebenen Käse vermischen. Die Gewürzmischung unter den Salat mengen. Etwa zwei Stunden in den Kühlschrank stellen.
30 Minuten vor dem Servieren herausnehmen und auf einer großen Platte auf Salatblättern anrichten.
Für die französische Sauce alle Zutaten im Mixer vermengen und über den Salat gießen. Nach Belieben mit Schinkenstreifen und Käsewürfeln belegen und garnieren.

Bohnen-Mais-Salat
Salada de Feijão e Milho Verde

3 Stunden Vorbereitungs-
    und Kochzeit
für 6-8 Personen

2 Tassen gekochte weiße
    Bohnen
2 Tassen gekochte braune
    Bohnen
2 Tassen Mais aus der Dose
2 große Tomaten
1 Gurke
1 Knoblauchzehe
$1/2$ TL Zucker
150 g geriebener Käse
1 großer Kopfsalat
200 g gekochter Schinken
150 g Käse in Würfeln

für die Sauce:
$1/4$ Tasse Zitronensaft oder
    Weinessig
$1/4$ Tasse Pflanzen- oder
    Olivenöl
1 EL geriebene Zwiebel
1 zerdrückte Knoblauchzehe
1 Prise Paprika
$1/4$ TL Zucker
Pfeffer

Kichererbsen-Salat mit sauren Gurken
Salada de Grão de Bico com Pepino

am Vortag beginnen
für 6-8 Personen

250 g Kichererbsen
1 kleines Glas Gurken
2 gehackte Zwiebeln
1 Bund Petersilie

für die Sauce:
2 EL Olivenöl
1 EL Zitronensaft oder Essig

◆ Die Kichererbsen über Nacht einweichen. Am nächsten Tag mit wenig Salz etwa eine Stunde kochen.
Für die Sauce Öl, Zitronensaft, Salz und weißen Pfeffer miteinander vermischen. Die erkalteten Kichererbsen in den Händen reiben, um die Schalen abzulösen. Kleingeschnittene Gurken, Zwiebeln und gehackte Petersilie mit den Kichererbsen vermengen, mit der Sauce übergießen.

Klippfischsalat mit Kichererbsen
Salada de Bacalhau com Grão de Bico

einige Stunden
   Vorbereitungs- und
   Kochzeit
für 6-8 Personen

250 g Klippfisch
200 g Kichererbsen
5 Kartoffeln
2-3 Möhren
4 Tomaten
1 kleine Dose Erbsen
100 g grüne Oliven
100 ml Mayonnaise
1 TL Senf

◆ Den Klippfisch zum Entsalzen einige Stunden in kaltes Wasser legen, das Wasser dabei mehrfach wechseln. 30 Minuten kochen und anschließend zerkleinern.
Die Kichererbsen einige Stunden einweichen und mit wenig Salz etwa eine Stunde kochen. Etwas abkühlen lassen. In den Händen reiben, um die Schalen abzulösen.
Kartoffeln und Möhren kochen und ebenso wie die Tomaten würfeln. Alles mit Mayonnaise und Senf vermischen.

Varianten:
Den Klippfisch durch Thunfisch, geräucherten Fisch oder andere Sorten ersetzen.

◆ Die Weizengrütze ein bis zwei Stunden in Wasser einweichen. Das Wasser abgießen, die Körner ausdrücken. Alle Zutaten in sehr kleine Würfel schneiden bzw. den rohen Weißkohl in sehr feine Streifen raspeln. Alles gründlich durchmengen.

Für die Sauce Öl, Essig und Zitronensaft mit geriebener Zwiebel, feingehackter Minze und Petersilie vermengen, kurz ziehen lassen.

Kurz vor dem Servieren die Sauce über die Grütze gießen und alles gründlich mischen.

Weizengrütze-Salat
Salada de Trigo

1-2 Stunden einweichen
für 6-8 Personen

200 g Weizengrütze
300 g Weißkohl
1 Gurke
4 Tomaten
3-4 Möhren
1 Bund Radieschen

für die Sauce:
6 EL Olivenöl
1 EL Essig
1 EL Zitronensaft
1 große Zwiebel
10 frische Minzeblätter
1 Bund Petersilie

(1) verschiedene Pfefferarten,
(2) Kreuzkümmel, (3) Bohnen,
(4) Maniokmehl, (5) Schnittlauch,
(6) Koriander, (7) Pfefferminze,
(8) Petersilie

(1) *Farinha*, (2) *Farofa* mit Palmöl, (3) Maniok-Wurzel

(1) Bohnen, (2) Krabben-Pfanne,
(3) Fisch in Palmöl, (4) *Caruru*,
(5) Reis, (6) Pfeffersauce,
(7) *Farofa* mit Palmöl,
(8) *Vatapá*, (9) Krabben in Palmöl

Salzgebäck verschiedenster Art zur Feier eines Geburtstags in Salvador da Bahia

Kalte Fleischplatte

(1) »Koketterie«,
(2) »Schokoladen-bällchen«,
(3) andere *Docinhos*

◆

Farinha und *Farofa*

◆

◆ In einer Pfanne das Mehl unter ständigem Rühren etwa 10 Minuten rösten. Vom Herd nehmen, nach und nach Butter hineingeben und gründlich verrühren, bis eine grobkörnige Mischung entsteht, die Streuseln ähnelt. 1 TL Salz zufügen und heiß servieren.

Varianten:

◆ Die Farofa mit Oliven, Mais, Schinken, sauren Äpfeln, Rosinen, kleingeschnittenen Pflaumen, Fleischresten etc. beliebig variieren.

◆ Aus vier bis fünf Eiern, 4 EL Butter, zwei gehackten Zwiebeln und 3 EL gehackter Petersilie eine weiche Rühreimasse bereiten. Nach und nach Maniokmehl unter ständigem Rühren daruntermischen, salzen.

◆ In Scheiben geschnittene Bananen mit etwas Butter und einer gehackten Zwiebel anbraten. Nach und nach das Maniokmehl unterrühren, salzen.

◆ Die in Stückchen oder Scheiben geschnittene Lingüiça mit etwas Butter und einer gehackten Zwiebel anbraten. Das Maniokmehl nach und nach unterrühren, salzen.

◆ Etwas Palmöl in eine Pfanne geben, so daß der Boden eben bedeckt ist. Unter ständigem Rühren nach und nach das Maniokmehl hinzufügen und rösten, salzen.

Eignet sich als Beilage zu afrobrasilianischen Gerichten.

Trockene Farofa
Farofa Seca

für 6 Personen

200 g Maniokmehl
3 EL Butter

Farofa-Mischung
Farofa Mista

Eier-Farofa
Farofa de Ovos

Bananen-Farofa
Farofa de Banana

Farofa de Lingüiça

Farofa mit Palmöl
Farofa de Dendê

für 4-6 Personen

300 g Maniokmehl
3-4 EL Palmöl

Kräcker-Farofa
Farofa de Biscoito Creme Craker

für 4-6 Personen

300 g Kräcker
100 g Butter
1 gehackte Zwiebel
gehackte Petersilie
gehackter Schnittlauch

◆ Die Kräcker im Mixer oder einem Baumwolltuch zerkrümeln, bis sie eine Konsistenz wie Paniermehl haben. Butter erhitzen und die Zwiebel darin anbraten. Petersilie und Schnittlauch hinzufügen, kurz andünsten. Die Kräckerkrümel zugeben und unter ständigem Rühren 10 Minuten rösten.

Varianten:
Wenig Mais, Oliven und/oder Rosinen beigeben.

Pirão

für 4 Personen

$1/2$ l Gemüsebrühe
1 Tasse Maniokmehl

◆ Die Brühe durch ein Sieb gießen und zum Kochen bringen. Das Maniokmehl unter ständigem Rühren hineinstreuen, bis ein dickflüssiger Brei entsteht, den man mit der Gabel essen kann. Eventuell salzen.

Varianten:
Die Gemüsebrühe durch Fischsud oder Fleischbrühe ersetzen. Maniokmehl hineinrühren und kurz aufkochen.

Fischsud-Pirão
Pirão com Caldo de Peixe

für 6 Personen

Fischkopf und -schwanz
  eines $1^1/2$ bis 2 kg schweren Fisches
eventuell Fischsauce eines
  Fischgerichts
1 Tasse Maniokmehl

◆ Fischkopf und -schwanz in 1 l Wasser etwa 30 Minuten kochen. Ist eine Fischsauce vorhanden, sie mit dem Fischsud aufkochen. Durchseihen, salzen und pfeffern. Die Brühe erneut zum Kochen bringen und langsam das Maniokmehl hineinrühren. Soll der Pirão fester werden, etwas mehr Maniokmehl verwenden.
Heiß zu Fisch servieren.
Beilage: Pfeffersauce (Seite 109)

◆

Reis
Arroz

◆

◆ 2 Tassen Wasser zum Kochen bringen, Reis und 1 TL Salz zufügen. Lediglich zweimal umrühren, da der Reis durch häufiges Umrühren klebrig wird. Wenn das Wasser den Reis gerade bedeckt, den Topf schließen und den Reis bei ganz schwacher Hitze bzw. ausgeschalteter Herdplatte ausquellen lassen – so bleibt er locker und körnig.

Variante:
Zusammen mit dem Reis gehackte Zwiebeln und Öl zugeben.

◆ Öl erhitzen und die Zwiebel darin andünsten. Etwas Knoblauch und in Scheiben geschnittene Tomaten zufügen. Reis zufügen und unter ständigem Rühren glasig werden lassen. 1 TL Salz zugeben, das Wasser zugießen. Weiter wie weißen Reis (siehe oben) zubereiten.

Variante:

◆ Vor dem Zugießen des Wassers 300 g sehr fein geschnittenen Weißkohl und etwas Olivenöl hinzufügen.

◆ Wie weißen Reis (siehe oben) zubereiten, aber statt Wasser Kokosmilch verwenden.

Eignet sich als Beilage zu Gerichten der afrobrasilianischen Küche.

Weißer Reis
Arroz Branco

für 6 Personen

1 Tasse Reis

Gewürzter Reis
Arroz Temperado

für 6 Personen

1 Tasse Reis
2 EL Pflanzen- oder Olivenöl
$^{1}/2$ gehackte Zwiebel
Knoblauch
2 Tomaten
2 Tassen heißes Wasser

Reis mit Weißkohl
Arroz com Repolho

»Witwenreis«
Arroz de Viúva

für 6 Personen

1 Tasse Reis
2 Tassen Kokosmilch
1 TL Salz

Gebackener Reis (Auflauf)
Arroz de Forno

für 6 Personen

2 Tassen Reis
4 Tassen heißes Wasser
1 Tasse Erbsen aus der
    Dose
2-3 kleingeschnittene oder
    geraspelte Möhren
gehackte Petersilie
gehackter Schnittlauch
5 EL geriebener Käse
2 EL Butter

zum Garnieren:
Tomaten
hartgekochte Eier
Zwiebelringe
Oliven

◆ Je nach Geschmack wie weißen oder gewürzten Reis (Seite 135) zubereiten. Den fertigen Reis mit den übrigen Zutaten vermischen, in eine eingefettete feuerfeste Form geben und im Ofen bei 180° etwa 45 Minuten backen. Nach Geschmack mit Tomaten, Eiern, Zwiebeln oder Oliven garnieren.

Varianten:
▷Nach Belieben Schinken, gekochte Krabben oder Hühnerfleisch zugeben.
▷1 Dose Mais
200 g Mortadella, Schinken oder Mettenden
2 gekochte Eier
statt der genannten Zutaten verwenden.
▷1 kleine Dose Erbsen
200 g grüne Bohnen
2 hartgekochte Eier
3 gekochte, gewürfelte Möhren
100 g Rosinen
statt der genannten Zutaten verwenden.
▷200 g Schinken
100 g Rosinen oder getrocknete, kleingeschnittene Pflaumen
100 g Erdnüsse
statt der genannten Zutaten verwenden.

Reis der Haussa
Arroz de Haussá

für 6 Personen

2 Tassen Reis

für die Sauce:
300 g Carne seca
1 gehackte Zwiebel
1-2 Knoblauchzehen
Palmöl

◆ Für die Sauce das Fleisch in kleine Stücke schneiden und zum Entsalzen mit kochendem Wasser abbrühen. In einen Topf mit Zwiebel, zerdrücktem Knoblauch und wenig Wasser etwa eine Stunde weich kochen. Mit wenig Palmöl knusprig braten.
Währenddessen 5 Tassen Wasser zum Kochen bringen, Reis und 2 TL Salz hineingeben. Ohne Deckel kochen, dabei mit einem Holzlöffel häufig umrühren, damit der Reis sämig wird.
Zum Servieren Fleisch und Fett über den Reis geben – alles sollte noch sehr heiß sein.

◆ Wie weißen Reis (Seite 135) zubereiten. Mit dem Reis 2 TL Salz und etwas Butter ins Wasser geben. Körnig kochen.

In einem Topf 40 g Butter erhitzen und die geriebene Zwiebel darin anbraten. Mais, Pilze sowie Rosinen zufügen und andünsten. Mit wenig Wasser ablöschen und 15 Minuten kochen.

Kurz vor dem Servieren Reis und Gemüse abwechselnd in eine eingefettete feuerfeste Form geben, mit den in der Mühle oder im Mixer gemahlenen Nüssen bestreuen. Mit einigen ganzen Nüssen garnieren und im Ofen bei 180° einige Minuten überbacken.

Heiß servieren.

Variante:
Die Walnüsse durch Erdnüsse ersetzen.

◆ Alle Zutaten gründlich vermischen, zu Kugeln formen und in heißem Öl ausbacken.

Reis mit Nüssen
Arroz com Nozes

für 6 Personen

2 Tassen Reis
200 g Walnüsse
Butter
1 Zwiebel
1 Dose Mais
1 Dose Pilze
150 g Rosinen

zum Garnieren:
ganze Walnüsse

Reiskugeln
Bolinhos de Arroz

etwa 6 Kugeln

1 Tasse gekochter Reis
1 EL Butter oder Margarine
1 Ei
2 EL geriebener Käse
1 EL Weizenmehl
etwas Schnittlauch
Öl

Klippfisch mit Reis
Bacalhau com Arroz

am Vortag beginnen
für 6-8 Personen

400 g Klippfisch
3 Tassen Reis
2-3 Knoblauchzehen
Pflanzenöl
Zitronensaft
4 Tomaten
Butter oder Margarine
2 EL Olivenöl
3 gehackte Zwiebeln
1 EL Ketchup
2 EL Essig
eventuell Cayennepfeffer
1 Bund Cheiro Verde
1 Dose Palmenherzen
150 g schwarze und
   grüne Oliven
1 Dose Erbsen
Käsewürfel
2-3 Eier
2 EL Paniermehl

Den Klippfisch zum Entsalzen über Nacht in kaltes Wasser legen, das Wasser dabei mehrfach wechseln. Am nächsten Tag herausnehmen und das Wasser zur Seite stellen. Den Fisch in Stücke zerteilen, die dunkle Haut abziehen.
Den Reis mit zerdrücktem Knoblauch und etwas Salz in Pflanzenöl anbraten. Mit 4 Tassen Wasser sowie 2 Tassen Einweichwasser ablöschen und den Reis kochen – er soll körnig bleiben. Einige Tropfen Zitronensaft hineingeben.
Tomaten häuten, würfeln und entkernen. In einem zweiten Topf 2 EL Butter sowie Olivenöl erhitzen und die Zwiebeln goldbraun braten. Tomaten, Ketchup, Essig, 1 TL Pfeffer, Cayennepfeffer, gehackten Cheiro Verde und wenig Wasser hinzugeben und etwa 10 Minuten dünsten.
Wenn eine dickflüssige Sauce entstanden ist, den Klippfisch hineingeben und 15 Minuten weiterkochen.
Mit Salz abschmecken. Vom Herd nehmen und kleingeschnittene Palmenherzen, Oliven und Erbsen dazugeben.
Eine große Auflaufform mit Butter einfetten und abwechselnd Reis und Fisch-Gemüse-Masse schichtweise hineingeben. Mit Käsewürfeln bedecken. Eier verquirlen und über die Masse gießen. Mit Paniermehl bestreuen und im Ofen bei 175° einige Minuten überbacken.

Varianten:
Den Klippfisch durch geräucherten Fisch oder Fischreste ersetzen.

◆

Süßspeisen
Doces

◆

Das portugiesische »doce« bedeutet »süß« und steht gleichzeitig für all das, was mit Zucker zubereitet wird: Süßigkeiten, Süßspeisen, Kompott, Marmelade und ähnliches. Doce wird auch in Zusammenhang mit verschiedenen Obstsorten gebraucht – Doce de Banana, Doce de Coco, Doce de Goiaba – und bezeichnet eine Süßspeise aus diesen Früchten, die mit einer dickflüssigen Zuckersauce hergestellt wird. Die klassischen Beigaben zu Süßspeisen sind Zimt – in Stangenform oder gemahlen – und Nelken, Vanilleschoten oder -mark, deren Pflanzen alle in Brasilien gedeihen.

Ambrosia ist eine der beliebtesten brasilianischen Nachspeisen.

◆ Die Milch zum Kochen bringen, den Zucker zufügen. Verquirlte Eier und Zitronensaft langsam hineinrühren, alles erneut zum Kochen bringen. Etwa 40 Minuten kochen, bis die Sauce dickflüssig wird und die Milch mit den Eiern granuliert, also kleine Klümpchen bildet. Während des Kochens gelegentlich mit einem Holzlöffel umrühren, jedoch nur in »Nord-Süd-Richtung«, nicht im Kreis.

◆ Alle Zutaten mixen und in eine mit Karamelsauce ausgestrichene Puddingform geben. Die geschlossene Form im Wasserbad bei 160° etwa 40 Minuten kochen – oder 20 Minuten im Schnellkochtopf.

Varianten:
▷ Die Vollmilch durch 1 1/2 Dosen Fruchtsaftkonzentrat (Orangen) ersetzen und 1 EL abgeriebene Orangenschale zugeben.
▷ 3 bis 4 EL geriebenen Käse und 1/2 TL Zitronenschale beifügen.

◆ Den Zucker ohne Wasser schmelzen, bis er braun wird. Abkühlen lassen und unter Rühren langsam 1/2 Tasse Wasser zugießen. Noch einmal aufkochen.

◆ Zucker schmelzen. Etwas abkühlen lassen, nach und nach unter ständigem Rühren 1 Tasse Wasser zugießen, die anderen Zutaten untermischen.

Milchsüßspeise
Ambrosia

für 6 Personen

1 l Milch
300 g Zucker
5 Eier
1 EL Zitronensaft

Pudding aus Kondensmilch
Pudim de Leite Condensado

für 6 Personen

1 Dose gezuckerte
   Kondensmilch
doppelte Menge Vollmilch
3 Eier
Karamelsauce (siehe unten)

Karamelsauce
Calda Queimada

1 Tasse Zucker

Feine Karamelsauce
Calda Caramelada

2 Tassen Zucker
1 TL Butter
1/2 Zitrone (Saft)

Schokoladen-Köstlichkeit
Delícia de Chocolate

am Vortag beginnen
für 6-8 Personen

250 g Kochschokolade
   in Tafeln
250 g Zucker
250 g Butter
75 g Mehl
3 Eier
2 EL geraspelte Schokolade
eventuell Hagelzucker

◆ In einem Topf $1/2$ Tasse Wasser und Zucker erhitzen. Wenn die Masse zu kochen beginnt, die in Stücke gebrochene Schokolade und Butter hinzufügen. Unter ständigem Rühren bei schwacher Hitze kochen, bis eine glatte Creme entsteht.
Mehl in eine Schüssel geben und mit einem Ei vermischen. Nach und nach die beiden anderen Eier unter ständigem Rühren hinzufügen, bis ein glatter Teig entsteht. In die Schokoladencreme geben, dabei alles kräftig schlagen.
Eine Form von etwa 20 cm Durchmesser einfetten, die Creme hineingeben und schließen. Im Wasserbad bei schwacher Hitze etwa eine Stunde backen. Erkalten lassen und erst am folgenden Tag aus der Form nehmen. Mit geraspelter Schokolade und Hagelzucker verzieren.

Süßer Reis spezial
Arroz Doce Especial

für 8 Personen

3 Tassen Reis
200 ml gezuckerte
   Kondensmilch
3 Eier (Eiweiß und Eigelb
   getrennt)
Vollmilch
1 Tasse Kokosmilch
2 gehäufte EL Kokosflocken
100 g Rosinen
eventuell 100 g
   Mandelsplitter
6 Gewürznelken
1 EL Butter oder Margarine

◆ Den Reis in 6 Tassen Wasser kochen. Kondensmilch zugießen und alles unter ständigem Rühren kochen, bis die Milch verkocht ist. Eigelb mit etwas Vollmilch verquirlen und unter den Reis ziehen. Kokosmilch, Kokosflocken, Rosinen, Mandeln und Nelken zugeben. Abkühlen lassen.
Eiweiß zu steifem Schnee schlagen und vorsichtig unterheben. Flüssige Butter unterziehen. Den Reis im vorgeheizten Ofen bei 180° etwa 20 Minuten backen.
Warm oder kalt servieren.

Variante:
Die Kokosmilch durch gekochten Vanillepudding ersetzen.

◆ Die Milch süßen, kochen und heiß über die Toastbrotscheiben gießen. Jede Scheibe leicht pressen, um die überschüssige Milch herauszudrücken. Eiweiß zu steifem Schnee schlagen, nach und nach Eigelb dazurühren. Jede Brotscheibe in der Eimasse wenden und in heißem Öl goldbraun braten.

Auf saugfähigem Papier abtropfen lassen – die Brote sollen weich und saftig, aber nicht fettig sein – und mit einem Zucker-Zimt-Gemisch bestreuen.

Goldene Brotscheiben
Rabanada ou Fatia de Parida

für 6 Personen

1 Toastbrot
1 l Milch
Zucker
8 Eier (Eiweiß und Eigelb getrennt)
Öl
gemahlener Zimt

◆ Den Maisgrieß nach und nach in die Milch einstreuen und gründlich verrühren. Zucker und eine Prise Salz zufügen. Alles in eine Cuscuzeira füllen und über Dampf garen.

Ist keine Cuscuzeira vorhanden, die Masse in eine Porzellanschüssel geben. Mit einem Tuch bedecken, über einen Topf mit kochendem Wasser stellen und etwa 20 Minuten garen.

Den fertigen Kuskus stürzen und in Scheiben schneiden. Nach Belieben mit etwas gezuckerter Milch übergießen.

Mais-Kuskus
Cuscuz de Milho

500 g Maisgrieß
200-250 ml Milch
3-4 EL Zucker

Varianten:
▷ Statt Vollmilch Kokosmilch verwenden. Dieser Kuskus ist der beliebteste seiner Art in Bahia und Pernambuco.
▷ Eine Handvoll gemahlene Erdnüsse zufügen.

Kuskus aus Tapioka-Mehl
Cuscuz de Tapioca

2 Stunden Vorbereitungs-
und Kochzeit

500 g Tapioka-Mehl
3-4 EL Zucker
100-150 ml Vollmilch
1 Kokosnuß oder
    200 ml Kokosmilch
1/2 Tasse Fencheltee
2-3 EL Kokosflocken

◆ Tapioka-Mehl mit Zucker und einer Prise Salz mischen, mit heißer Vollmilch übergießen. Bei geschlossenem Topf etwa 30 Minuten quellen lassen.
Kokosmilch ebenfalls erhitzen, jedoch nicht kochen. Zugießen und untermischen. Nach Belieben abgeseihten Fencheltee unter den Kuskus mischen. Ist die Masse noch zu fest, eventuell heiße Milch zugießen. Eine weitere Stunde quellen lassen.
Den Kuskus stürzen und in Scheiben schneiden. Mit Kokosmilch beträufeln oder mit frisch geriebenen Kokosflocken bestreuen.

Creme mit frischen Früchten
Creme com Frutas Frescas

für 6-8 Personen

etwa 1 kg verschiedene
    Früchte (Äpfel, Orangen,
    Ananas, Erdbeeren,
    Papayas, Kiwis, Mangos,
    Weintrauben, Pfirsiche
    etc.)
200 g Löffelbiskuits
eventuell Marmelade
100 g gehackte Nüsse,
    Mandeln oder
    Schokoladenstreusel

für die Creme:
1 l Milch
6 Eigelb
3 EL Stärkemehl
5 gehäufte EL Zucker
1 Päckchen Vanillezucker

◆ Für die Creme alle Zutaten miteinander verquirlen und kurz aufkochen. Zur Seite stellen.
Eine Schüssel mit Löffelbiskuits auslegen. Die in dünne Scheiben geschnittenen Früchte schichtweise hineinlegen – je Lage nur eine Sorte – und zwischen die einzelnen Fruchtschichten jeweils eine dünne Cremeschicht geben. Nach Belieben auf jede Cremeschicht etwas Marmelade streichen. Mit Creme abschließen und mit Nüssen, Mandeln oder Schokoladenstreusel bestreuen.

◆ Die Eigelb schlagen, bis sie weißlich sind. Unter ständigem Rühren nach und nach Zucker zufügen, Zitronensaft und -schale zugeben.
Eiweiß zu steifem Schnee schlagen und vorsichtig unterheben. In eine eingefettete Form geben und im Wasserbad mindestens 30 Minuten stocken lassen.
Kalt servieren. Nach Geschmack mit Sahne servieren.

◆ Kondensmilch, Maracujasaft und Kokosmilch mit dem Handrührer verquirlen. Eiweiß zu steifem Schnee schlagen und vorsichtig unterziehen. Gelatine in heißem Wasser auflösen, leicht abkühlen lassen, nach und nach unter ständigem Rühren in die Creme geben. Im Kühlschrank erkalten lassen.
Gut gekühlt servieren.

Grundsätzlich läßt sich aus allen Früchten ein Kompott zubereiten. Von ihrer Festigkeit hängt die Länge der Kochzeit ab. Wichtig ist, daß die Compota abkühlt und dann noch einmal aufgekocht wird – das erhöht den Geschmack.

◆ $1/2$ l Wasser zum Kochen bringen. Zucker nach und nach hineinstreuen, Gewürze unzerkleinert zugeben. Die Früchte halbieren – wenn sie sehr schön und fest sind, nicht schälen – und zugeben. Einige Minuten kochen – je länger, desto dickflüssiger und süßer wird die Sauce.
Erkalten lassen und noch einmal aufkochen, am besten am nächsten Tag.

Zitronen-Mousse
Musse de Limão

für 6 Personen

2 EL Zitronensaft
4 Eier (Eiweiß und Eigelb getrennt)
1 Tasse Zucker
1 TL abgeriebene Zitronenschale
eventuell Sahne

»Engelsfuß«
Pé de Anjo

für 6 Personen

1 Dose gezuckerte Kondensmilch
gleiche Menge Maracujasaft
gleiche Menge Kokosmilch
4 Eiweiß
5 Blatt weiße Gelatine

Guavenkompott
Compota de Goiaba ou Doce de Goiaba em Calda

für 8-10 Personen

1 kg Guaven
1 kg Zucker
5-10 Gewürznelken
1-3 Zimtstangen

Trockenpflaumen-kompott
Doce de Ameixa

2 Stunden einweichen
für 6-8 Personen

250 g Trockenpflaumen
   ohne Steine
200 g Zucker
gemahlener Zimt
Gewürznelkenpulver

◆ Die Trockenpflaumen in 1 Tasse Wasser etwa zwei Stunden einweichen. Mit dem Wasser kochen, bis sie relativ weich sind. Nach und nach Zucker hinzufügen und kochen, bis die Sauce dickflüssig wird.
Nach Belieben Zimt und Nelken hinzufügen.

Variante:
Statt Zimt und Nelken ein Gläschen Portwein verwenden.

Avocado-Creme
Creme de Abacate

für 4-6 Personen

2 Avocados
150 ml Milch
1/2 Zitrone (Saft)
3 EL Zucker
nach Geschmack: 1 TL
   gemahlener Zimt

◆ Avocados halbieren, Schale und Kerne entfernen. Alle Zutaten im Mixer 4 bis 5 Minuten pürieren.
Die Creme in Schälchen füllen und gut gekühlt servieren.

Varianten:
▷ Die Creme mit einigen Tropfen Kakaolikör verfeinern.
▷ Jedes Schälchen mit einer halben Guave belegen und etwas Sirup des Guavenkompotts (Seite 145) darübergeben.
▷ Das frisch gekochte Guavenkompott durch Kompott aus der Dose, durch mit Wasser verdünnte Guavenmarmelade oder die in Brasilien gebräuchliche Goiabada (gezuckerte, feste Guavenmasse) ersetzen.

Ananas-Pudding
Manjar de Abacaxi

ür 6 Personen

2 Glas Ananassaft
3 EL Zucker
4 EL Stärkemehl
1 EL Zitronensaft
Karamelsauce (Seite 141)

◆ Ananassaft zum Kochen bringen. Zucker und Stärkemehl in 1/2 Tasse Wasser anrühren, zugießen. Bei mittlerer Hitze kochen, dabei ständig mit einem Holzlöffel umrühren, bis ein dickflüssiger Brei entsteht. Vom Herd nehmen und erkalten lassen.
Eine Form mit Karamelsauce ausstreichen und die abgekühlte Ananas-Masse hineingießen. Vollständig erkalten lassen und in den Kühlschrank stellen. Vor dem Servieren stürzen.

◆ Ananassaft und -stücke mit Zimt und Nelken zum Kochen bringen.
Für den Pudding alle Zutaten gründlich miteinander vermischen und unter ständigem Rühren zugeben, aufkochen. Eiweiß zu steifem Schnee schlagen, Zucker zufügen und weitere 3 Minuten schlagen. Unter die Ananas-Masse ziehen.
Die Ananas-Creme in eine eingefettete feuerfeste Form geben und im Ofen bei 175° etwa 15 Minuten überbacken – die »Krone« soll goldgelb sein. Im Ofen erkalten lassen.

◆ Die Ananas vorsichtig schälen, die »Augen« herausschneiden. In sehr kleine Stücke schneiden und mit Zucker vermischen. Im Mixer pürieren. Eier verquirlen und in einem Topf unter die Ananas-Masse heben. Milch aufkochen, nach und nach einrühren. Unter ständigem Rühren zum Kochen bringen, bis die Masse eindickt.
Abkühlen lassen, in Gläser oder Schälchen füllen und in den Kühlschrank stellen.

Variante:
Die Ananas durch eine kleine Dose Ananas ersetzen.

Gekrönte Ananas
Abacaxi Coroado

für 6 Personen

1 Dose Ananas in Stücken
1 Zimtstange
2-3 Gewürznelken
3 Eiweiß
etwa 5 EL Zucker

für den Pudding:
1 EL Stärkemehl
1 Eigelb
$1/2$ Vanilleschote oder
   Vanillezucker
2 EL Zucker
1 Tasse Milch

Ananas-Creme
Creme de Abacaxi

für 6 Personen

$1/2$ Ananas
2 Tassen Zucker
3 Eier
1 l Milch

Gebratene Ananas
Abacaxi Frito

für 6 Personen

1 Ananas
Zucker
Mehl
3 EL Margarine
eventuell Butter

◆ Die Ananas vorsichtig schälen, die »Augen« herausschneiden. In dünne Scheiben schneiden, das Mittelstück jeder Scheibe herausstechen. Die Scheiben in eine Schüssel legen, mit Zucker bestreuen und einige Minuten stehenlassen. In Mehl wenden und in heißer Margarine von beiden Seiten goldbraun braten, eventuell etwas Butter hinzufügen.
Auf einem Teller anrichten und heiß servieren. Nach Belieben Zucker darüberstreuen.

Variante:
Statt der frischen eine Dose Ananas in Scheiben verwenden.

Bananen-Süßspeise
Doce de Banana

für 6 Personen

1 kg Bananen
250 g Zucker
1 Zimtstange
6 Gewürznelken

◆ Die Bananen in etwa 3 cm große Stücke schneiden und mit den übrigen Zutaten in 2 Tassen Wasser etwa 15 Minuten kochen.
Kalt servieren.

Bananen in der Schale
Banana na Casca

pro Person 1 Banane
Butter
Zucker
gemahlener Zimt

◆ Die ungeschälten Bananen an beiden Enden ein Stückchen abschneiden. In einen Topf geben und mit Wasser bedecken. Etwa 10 Minuten kochen, bis die Schalen aufplatzen.
Aus der Schale lösen, mit etwas Butter bestreichen und mit einem Zucker-Zimt-Gemisch bestreuen.
Warm servieren.

Varianten:
▷ Auf Wunsch die Bananen mit Rum oder Cognac flambieren.
▷ Werden Kochbananen verwendet, diese etwa 30 Minuten kochen.

◆ Eine Karamelsauce vorbereiten. Die Bananen schälen und unzerkleinert hineinlegen. Bei schwacher Hitze 10 bis 20 Minuten kochen, dabei ständig sehr vorsichtig umdrehen.
Die Bananen in eine Schüssel legen und mit Karamelsauce übergießen; eventuell der Sauce vorher noch etwas Wasser zufügen und nochmals kurz aufkochen.

Variante:
Der Karamelsauce etwas Gewürznelkenpulver und gemahlenen Zimt beigeben.

Karamelierte Bananen
Bananas Carameladas

für 6 Personen

6 Bananen
Karamelsauce (Seite 141)

◆ Zucker, 1 Tasse Wasser und Wein mit Zimt und Nelken zum Kochen bringen, bis eine dünnflüssige Sauce entsteht. Bananen schälen, in dicke Scheiben schneiden, hinzufügen und weich kochen.
Vom Herd nehmen, abkühlen lassen und in den Kühlschrank stellen. In Schälchen oder Gläser füllen, geschlagene Sahne darübergeben und bis zum Servieren nochmals in den Kühlschrank stellen.

Bananen in Wein
Bananas com Vinho

für 6 Personen

6 Bananen
2 Tassen Zucker
1 Glas Rotwein
1 Zimtstange
6 Gewürznelken
1 Becher Sahne

◆ Die Bananen mit Schale in kochendes Wasser legen und etwa 30 Minuten kochen.
Schälen und durch ein feines Sieb passieren. Eier und Eigelb schlagen, unter die Bananenmasse rühren. Zucker, Butter und Käse zufügen, alles gründlich vermengen. Die Masse in eine eingefettete feuerfeste Form geben und im Ofen bei 220° etwa 30 Minuten goldbraun backen.
Aus dem Ofen nehmen, mit einem Zucker-Zimt-Gemisch bestreuen und kalt servieren.

Pudding aus Kochbananen
Pudim de Banana da Terra

für 6 Personen

4 Kochbananen
3 Eier
3 Eigelb
2 Tassen Zucker
100 g Butter
1 Tasse geriebener Käse
1/2 Tasse Zucker
gemahlener Zimt

Gebratene Kochbananen
Bananas da Terra Fritas

für 6 Personen

4 Kochbananen
Margarine

◆ Die vorgekochten Kochbananen schälen und der Länge nach in mindestens drei Scheiben schneiden – je dünner, desto besser. In heißer Margarine goldgelb braten.

Eignen sich als Beilage zu Fleisch oder – mit einem Zucker-Zimt-Gemisch bestreut – als Nachtisch.

Bananen im Ofen
Bananas ao Forno Especial

für 6 Personen

6-8 Bananen
3-4 EL Zucker
1 EL gemahlener Zimt
1 Zitrone (Saft)
Butter
3 Eier (Eiweiß und Eigelb
   getrennt)
1/2 l Milch
3 EL Stärkemehl
abgeriebene Zitronenschale
   oder Zitronen-Backöl

◆ In eine eingefettete feuerfeste Form die in Scheiben geschnittenen Bananen schichtweise hineinlegen. Jede Schicht mit einem Zucker-Zimt-Gemisch bestreuen, etwas Zitronensaft darüber-träufeln und Butterflöckchen daraufsetzen. Ei-gelb, Milch und Stärkemehl verquirlen und über die oberste Lage gießen.
Eiweiß steif schlagen, 4 EL Zucker und Zitronen-schale unter ständigem Schlagen hinzufügen, über die Bananenmasse geben. Im vorgeheizten Ofen bei 175° 20 bis 30 Minuten goldbraun backen.

Weiße Kokoscreme
Manjar Branco com Coco

für 6 Personen

1 Kokosnuß
100 g Stärkemehl
1 l Milch
8 EL Zucker
Karamelsauce (Seite 141)

◆ Stärkemehl in 1 Tasse Milch anrühren. Die rest-liche Milch aufkochen, über die geraspelte Ko-kosnuß gießen und durch ein Tuch pressen.
Die Kokosmilch erneut aufkochen. Zucker, eine Prise Salz und das angerührte Stärkemehl unter ständigem Rühren zugeben. Sobald die Masse kocht und dickflüssig wird, vom Herd nehmen und mit dem Holzlöffel umrühren, bis sie abge-kühlt ist. Den Pudding in eine mit kaltem Wasser ausgespülte Schüssel geben und in den Kühl-schrank stellen. Den Pudding stürzen und mit Karamelsauce überziehen.
Beilage: Trockenpflaumenkompott (Seite 146)

Variante:
Die Kokosnuß durch 250 g Kokosflocken ersetzen.

◆ 1 Tasse Wasser, Zucker und Nelken bei mäßiger Hitze zu einem zähflüssigen Sirup kochen. Mit der geraspelten Kokosnuß vermischen und unter Rühren zum Kochen bringen.
Milch und Eigelb gründlich vermischen und in die Kokosmasse einrühren. Unter ständigem Rühren kochen, bis die Masse eindickt. Vom Herd nehmen, abkühlen lassen und in eine Glas- oder Porzellanschüssel füllen.

Variante:
Die Kokosnuß durch 250 g Kokosflocken ersetzen.

◆ 2 Tassen Wasser, Zucker, Zimt und Nelken bei mäßiger Hitze zu einem zähflüssigen Sirup kochen. Vom Herd nehmen, geraspelte Kokosnuß und Milch zufügen, mit einem Holzlöffel gründlich verrühren.
Nochmals auf den Herd stellen und unter ständigem Rühren kochen, bis die Masse eindickt. Vom Herd nehmen, abkühlen lassen und in eine Glas- oder Porzellanschüssel gießen. Gut gekühlt servieren.

Varianten:
▷ Die Kokosnuß durch 250 g Kokosflocken ersetzen.
▷ Die Zuckermenge auf 2 Tassen reduzieren.

Kokos-Süßspeise
Cocada com Ovos

für 6 Personen

1 große Kokosnuß
500 g Zucker
4 Gewürznelken
2-3 EL Milch
4 Eigelb

Karamelisierte Kokos-Süßspeise
Cocada Queimada

für 6 Personen

1 große Kokosnuß
3 Tassen Rohrzucker
gemahlener Zimt
Gewürznelkenpulver
$3/4$ l Milch

Mousse mit Kokosmilch
Musse de Leite de Coco

für 6 Personen

1 1/2 Tassen Kokosmilch
2 Eiweiß
4 gehäufte EL Zucker
5 Blatt weiße Gelatine
1/2 Tasse heißes Wasser

◆ Eiweiß zu steifem Schnee schlagen, Zucker löffelweise unter ständigem Schlagen hinzufügen und weitere 3 bis 4 Minuten rühren. Kokosmilch hinzugießen und die in heißem Wasser aufgelöste, lauwarme Gelatine unterrühren. Nochmals schlagen, in Glasschälchen füllen und in den Kühlschrank stellen. Erstarren lassen und gut gekühlt servieren.
Beilagen: Schokoladensauce oder Trockenpflaumenkompott (Seite 146)

Brotpudding mit Kokosmilch
Pudim de Leite de Coco e Pão

für 6-8 Personen

150 g Brötchen oder
 Weißbrot
1/2 l Vollmilch
200 ml Kokosmilch
6 Eier (Eiweiß und Eigelb
 getrennt)
12 EL Zucker
Karamelsauce (Seite 141)

◆ Brötchen in Stücke schneiden, mit kochender Vollmilch übergießen und einige Minuten einweichen. Durch ein Sieb passieren oder im Mixer zerkleinern. In eine Schüssel geben und mit Kokosmilch übergießen. Eigelb und Zucker cremig schlagen und mit der Brötchenmasse verrühren. Eiweiß zu steifem Schnee schlagen und unterziehen.
Eine schließbare Aluminiumform mit Karamelsauce ausstreichen und den Pudding hineingießen. Im Wasserbad bei 175° etwa 40 Minuten stocken lassen. Mit einem Holzstab prüfen, ob die Masse fest ist. Aus dem Herd nehmen, erkalten lassen und in den Kühlschrank stellen.
Stürzen und gut gekühlt servieren.

◆

Breie
Mingaus

◆

Als Mingau wird ein dünnflüssiger Brei aus Milch und verschiedenen Mehlsorten bezeichnet, der getrunken wird. Mingaus sind vor allem im Nordosten Brasiliens beliebte Zwischenmahlzeiten, die auch häufig von Straßenhändlern angeboten werden. Sie waren schon zu Kolonialzeiten beliebt – ein indianisches Erbe, verfeinert durch die Hand afrikanischer Sklaven.

◆ Milch zum Kochen bringen, Maismehl einrühren und etwas eindicken – der Brei sollte noch trinkbar sein.
Mit Butter, Zucker sowie je einer Prise Zimt und Salz abschmecken.

Maisbrei
Mingau de Milho

$\frac{1}{4}$ l Milch
2 gehäufte EL Maismehl
1 EL Butter
1 EL Zucker
gemahlener Zimt

◆ Vollmilch zum Kochen bringen, Maismehl einrühren und eindicken. Kokosmilch, Zucker und eine Prise Salz hinzufügen.

Maisbrei mit Kokosmilch
Mingau de Milho com Leite de Coco

200 ml Vollmilch
2 gehäufte EL Maismehl
50 ml Kokosmilch
1 EL Zucker

◆ Wie Maisbrei (siehe oben) zubereiten.

Tapiokabrei
Mingau de Tapioca

$\frac{1}{4}$ l Milch
2 EL Tapioka-Mehl
1 EL Zucker
1 Prise Salz

Tapiokabrei mit Kokosmilch
Mingau de Tapioca com Leite de Coco

200 ml Vollmilch
2 EL Tapioka-Mehl
50 ml Kokosmilch
1 EL Zucker
1 Prise Salz
gemahlener Zimt

◆ Wie Maisbrei mit Kokosmilch (siehe Seite 155) zubereiten. Nach Geschmack mit etwas Zimt bestreuen.

Sorbets
Sorvetes

Um eine cremige Konsistenz zu erhalten, das Sorbet während des Gefriervorgangs – jede Stunde bis zu dreimal – aus dem Gefrierfach oder der Kühltruhe nehmen, mit dem Handrührer verquirlen und zurückstellen.

◆ Alles 5 Minuten im Mixer verquirlen. In der Kühltruhe gefrieren lassen.

Maracuja-Sorbet
Sorvete de Maracujá

1 Dose gezuckerte
   Kondensmilch
gleiche Menge Fruchtsaft-
   konzentrat (Maracuja)
1 Dose Creme de Leite

Variante:

◆ Das Fruchtsaftkonzentrat durch die gleiche Menge starken Kaffee ersetzen.

Kaffee-Sorbet
Sorvete de Café

◆ Die Trockenpflaumen etwa zwei Stunden in Wasser einweichen, anschließend im Mixer pürieren. Mit den übrigen Zutaten außer dem Eiweiß verquirlen, zuletzt das steifgeschlagene Eiweiß vorsichtig unterheben. Gefrieren lassen.

Sorbet aus Trockenpflaumen
Sorvete de Ameixa

1-2 Stunden Vorbereitungs-
   und Kochzeit

150 g Trockenpflaumen
   ohne Steine
1 Dose gezuckerte
   Kondensmilch
700 ml Vollmilch
3 Eier (Eiweiß und Eigelb
   getrennt)
1 schwach gehäufter EL
   Stärkemehl
1 Päckchen Vanillezucker
   oder einige Tropfen
   Vanille-Backöl

Kokos-Sorbet
Sorvete de Coco

200 ml Kokosmilch
100 g Kokosflocken
180 ml Vollmilch
6 EL Zucker
1 TL Mehl
einige Tropfen Vanille-Backöl
2 Eiweiß

für die Schokoladensauce:
1 Tasse Instant-Kakao
1 Tasse Zucker
1 EL Butter

◆ Kokosflocken und Vollmilch zum Kochen bringen. Durch ein Tuch pressen und zurück auf den Herd stellen. Die Hälfte des Zuckers und Mehl zufügen und kochen, bis die Masse eindickt. Kokosmilch und Vanille-Backöl zugeben. Das Eiweiß zu steifem Schnee schlagen, den restlichen Zucker unterrühren und vorsichtig unter die abgekühlte Kokosmischung heben. Gefrieren lassen.
Für die Sauce alle Zutaten mit 1 Tasse Wasser vermischen und – ohne zu rühren – erhitzen, bis die Sauce dickflüssig wird.

Nuß- oder Erdnuß-Sorbet
Sorvete de Nozes ou de Amendoim

200 g gemahlene Nüsse
 oder Erdnüsse
2 Eier (Eiweiß und Eigelb
 getrennt)
8 EL Zucker
3 Glas Milch
2 Päckchen Vanillezucker

◆ Eigelb mit der Hälfte des Zuckers schaumig rühren. Nach und nach kochende Milch zugießen. Erkalten lassen.
Das steifgeschlagene Eiweiß mit dem restlichen Zucker kräftig verrühren. Die Creme zugeben, zuletzt Vanillezucker und Nüsse hinzufügen. Gefrieren lassen.

Mais-Eis
Sorvete de Milho Verde

3 Dosen Mais oder
 600 g tiefgekühlter Mais
1 Dose gezuckerte
 Kondensmilch
2 Eier (Eiweiß und Eigelb
 getrennt)
1 Dose Creme de Leite

◆ Den Mais mit 200 ml Wasser im Mixer pürieren und durch ein Sieb passieren. Die Masse wiederum in den Mixer geben, mit Kondensmilch und Eigelb verquirlen. Erwärmen und unter ständigem Rühren eindicken.
Erkalten lassen. Creme de Leite unterrühren und steifgeschlagenes Eiweiß unterziehen.
Im Gefrierfach oder der Kühltruhe fest werden lassen.

Verkaufsstand von Kokoswasser grüner Kokosnüsse auf dem Platz von Amaralina, Salvador da Bahia

(1) Ananas, (2) Zitrusfrüchte und Yamswurzeln
unten: Verschiedene Kürbisarten, dahinter Zitrusfrüchte

Baiana hinter ihrem Verkaufsstand auf dem Platz von Amaralina, Salvador da Bahia

Cachaças de Folha sind harte Getränke aus Zuckerrohrschnaps mit geschmacksgebenden Zutaten wie Kräutern, Baumrinden, Beeren etc. die den Männern auf den Märkten ausgeschenkt werden

◆

Halbgefrorenes
Pavês

◆

Pavê ist ein sehr beliebter Nachtisch. Das Wort stammt aus dem Französischen und bedeutet »Pflasterstein«. In Brasilien bezeichnet man damit eine dreischichtige Nachspeise, die halbgefroren serviert wird. In der Zusammenstellung einer Pavê sind der Phantasie keine Grenzen gesetzt, sie enthält jedoch immer drei Grundbestandteile: eine Schicht Kekse, eine Schicht Creme und eine Schicht halbgefrorene Eiweißmasse.

◆ Erste Schicht: Die Biskuits in eine viereckige kältebeständige Glasschüssel von etwa 30 cm Länge legen. Milch, Kakao, Portwein, Zucker und Stärkemehl langsam aufkochen, unter ständigem Rühren eine Creme zubereiten. Über die Biskuits geben und erkalten lassen.

Zweite Schicht: Eigelb mit etwas Vollmilch verquirlen, restliche Vollmilch und Kondensmilch zugießen und bei mäßiger Hitze kochen, bis sie eindickt, dabei gelegentlich umrühren – die Creme darf gerinnen. Auf die erste Schicht geben und wieder erkalten lassen.

Dritte Schicht: Eiweiß und Creme de Leite getrennt steif schlagen. Miteinander verrühren und Zucker zufügen. Nach Belieben mit etwas Rum-Aroma oder Zitronen-Backöl verfeinern. Auf die zweite Schicht geben und in der Kühltruhe halb gefrieren lassen.

Klassischer Pavê
Pavê Clássico

für die erste Schicht:
300 g Löffelbiskuits
$1/2$ l Milch
1 EL Instant-Kakao
nach Geschmack:
    3 EL Portwein
1 EL Zucker
1 EL Stärkemehl

für die zweite Schicht:
4 Eigelb
400 ml Vollmilch
1 Dose gezuckerte
    Kondensmilch

für die dritte Schicht:
4 Eiweiß
1 Dose Creme de Leite
4 EL Zucker
eventuell Rum-Aroma oder
    Zitronen-Backöl

Tropischer Pavê
Pavê Tropical

für die erste Schicht:
200 g Löffelbiskuits
4 Eigelb
1 Dose gezuckerte
   Kondensmilch
gleiche Menge Vollmilch
Vanille-Backöl

für die zweite Schicht:
1 Ananas oder 1 große Dose
   Ananas in Stücken
1 große Dose Pfirsiche
100 g Kokosflocken
2 EL Stärkemehl
nach Geschmack: Rum

für die dritte Schicht:
4 Eiweiß
1 Dose Creme de Leite
4 EL Zucker
2 EL Paranuß-Splitter

◆ Für die erste Schicht eine kältebeständige Glasform mit Biskuits auslegen. Eigelb mit etwas Vollmilch verquirlen, restliche Vollmilch, Kondensmilch und einige Tropfen Vanille-Backöl zugießen. Bei mäßiger Hitze kochen, bis die Creme eindickt, dabei gelegentlich umrühren. Erkalten lassen.
Für die zweite Schicht die Früchte abtropfen lassen und in kleine Stücke schneiden. Kokosflocken untermischen. Die Fruchtsäfte vermischen, zum Kochen bringen und mit Stärkemehl andicken. Nach Wunsch mit etwas Rum abschmecken. Die Masse mit den Früchten vermischen, abkühlen lassen und über die erste Schicht geben. Erkalten lassen.
Für die dritte Schicht Eiweiß und Creme de Leite getrennt steif schlagen. Miteinander verrühren, Zucker und Nußsplitter zufügen. Auf die zweite Schicht geben und in der Kühltruhe halb gefrieren lassen.

◆ Für die erste Schicht eine kältebeständige Glasform mit Biskuits auslegen. Trockenpflaumen mit Zucker, Zimt und Nelken in etwas Wasser kochen, bis eine dickflüssige Creme entsteht. Über die Biskuits gießen und erkalten lassen.

Für die zweite Schicht Eigelb mit etwas Vollmilch verquirlen, restliche Vollmilch und Kondensmilch zugießen, Stärkemehl, Butter und einige Tropfen Vanille-Backöl zugeben. Bei mäßiger Hitze kochen, bis die Creme eindickt, dabei gelegentlich umrühren – sie darf gerinnen. Erkalten lassen und auf die erste Schicht geben.

Für die dritte Schicht Sahne und Eiweiß steif schlagen, zusammenrühren, Zucker und Rum zufügen. Über die zweite Schicht geben und alles gefrieren lassen.

Pavê mit Trockenpflaumen
Pavê com Ameixa Preta

für die erste Schicht:
200 g Löffelbiskuits
200 g Trockenpflaumen
   ohne Steine
200 g Zucker
1 Zimtstange
3 Gewürznelken

für die zweite Schicht:
4 Eigelb
1 Dose gezuckerte
   Kondensmilch
doppelte Menge Vollmilch
2 EL Stärkemehl
1 EL Butter
Vanille-Backöl

für die dritte Schicht:
$1/2$ l Sahne
4 Eiweiß
4 EL Zucker
etwas Rum oder Kakaolikör

◆

Docinhos

◆

Docinhos ist der Oberbegriff für die kleinen Meisterwerke süßen Gebäcks. Mit Milch, Eiern, verschiedenen Mehlsorten und natürlich viel Zucker hergestellt, begegnen sie uns in den unterschiedlichsten Kombinationen, Herstellungsverfahren und Formen. Sie werden im allgemeinen nicht als Nachtisch gegessen, sondern als Zwischenmahlzeit am Nachmittag, und ebenso wie die Salgadinhos vor allem bei Festlichkeiten, Geburtstagsfeiern und anderen Anlässen. Am weitesten verbreitet sind die verschiedenen »Küßchen«: Bällchen und ähnliches aus Kokosraspel, Milch und Zucker, Brigadeiros oder Olhos de Sogra.

Ebenso wie Salgadinhos sind auch Docinhos ein Erbe der traditionellen und raffinierten portugiesischen Küche.

◆ Den Ofen auf 220° vorheizen und die Back-förmchen mit Butter einfetten.
Eiweiß zu steifem Schnee schlagen. Eigelb gut ver-quirlen, Zucker zufügen und das Eiweiß vorsich-tig unterziehen. Weitere 10 Minuten schlagen und die Masse gleichmäßig in die Förmchen verteilen. Die Förmchen auf ein tiefes Backblech stellen und kochendes Wasser zugießen, so daß sie etwa zur Hälfte im Wasser stehen. Auf mittlerer Schiene bei 220° etwa 20 Minuten backen – das Wasser soll ständig kochen. Mit einem Holzstäbchen te-sten, ob der Teig gut ist. Aus dem Ofen nehmen.
Für den Sirup 1 Tasse Wasser und Zucker in einer Kasserolle zum Kochen bringen und rühren, bis sich der Zucker aufgelöst hat. Anschließend ohne zu rühren weiterkochen, bis ein Tropfen des Si-rups in einem Glas kalten Wasser fest wird. Dann den Topf vom Herd nehmen, Vanille-Backöl hin-zufügen, den Sirup in eine große Schüssel gießen. Die Papos de Anjo in den lauwarmen Sirup legen und mit einem Löffel wenden, so daß sie von allen Seiten überzogen sind. Die Schüssel abdek-ken und bis zu drei Stunden in den Kühlschrank stellen.
In Portionsschälchen füllen oder mit dem Sirup in einer Glasschüssel servieren.

Variante:
Papos de Anjo schmecken auch ohne Sirup: Aus dem Ofen nehmen, 2 bis 3 Minuten abkühlen lassen und auf einem Teller anrichten.

»Engels-Pausbäckchen«
Papos de Anjo

für 24 Stück

2 Eiweiß
8 Eigelb
2 EL Butter
3-4 EL Zucker

für den Sirup:
2 Tassen Zucker
1 TL Vanille-Backöl

24 Backförmchen
   (5 cm Durchmesser)

»Koketterie«
Quindim

für 20 Stück

100 g Kokosflocken
10 EL heiße Vollmilch oder
    Kokosmilch
Butter
200 g Puderzucker
6 Eigelb
2 Eier
Zucker

20 kleine Pastetenförmchen

◆ Kokosflocken und Milch verrühren, etwas ziehen lassen. 50 g sehr weiche Butter mit Puderzucker schaumig rühren, nach und nach Eigelb und Eier zufügen. Kokosflocken und Milch untermischen, jedoch nicht schlagen. Die Förmchen mit Butter einfetten, mit Zucker bestäuben und zu zwei Dritteln mit der Masse füllen. Eventuell einige Stunden ruhenlassen.
Die Förmchen auf ein tiefes Backblech stellen und kochendes Wasser zugießen, so daß sie etwa zur Hälfte im Wasser stehen. In den Ofen schieben und bei 180° bis 190° etwa 30 Minuten ausbakken, bis die Quindins fest werden und eine goldbraune Farbe annehmen. Erkalten lassen, aus der Form nehmen.

Variante:
Die doppelte Menge verwenden und alles in eine eingefettete feuerfeste Form geben – diese Süßspeise heißt dann Quindão, großes Quindim.

»Schwiegermutters Augen«
Olhos de Sogra

500 g Trockenpflaumen
    ohne Steine
300 g Zucker
1 Zimtstange
5 Gewürznelken
250 g Kokosflocken
3 Eier

◆ Den Zucker mit 6 EL Wasser zum Kochen bringen. Zimt, Nelken und Kokosflocken hinzufügen. Unter ständigem Rühren die verquirlten Eier hineinrühren und kochen, bis sich die Masse vom Topfboden zu lösen beginnt. Erkalten lassen, die Trockenpflaumen mit der Masse füllen.

Variante:
Jede Pflaume mit einer Gewürznelke garnieren und in Kristallzucker wälzen.

◆ Alle Zutaten miteinander vermischen und bei schwacher Hitze unter ständigem Rühren kochen, bis sich die Masse vom Topfboden zu lösen beginnt. In eine Porzellanschüssel gießen und erkalten lassen. Bällchen in der Größe von Marzipankartoffeln formen und in Schokoladenstreuseln oder Hagelzucker wälzen.

Schokoladenbällchen
Brigadeiro

für etwa 50 Stück

1 Dose gezuckerte
   Kondensmilch
1 Ei
1 EL Butter
4 EL Instant-Kakao

zum Bestreuen:
Schokoladenstreusel oder
   Hagelzucker

◆ Wie Schokoladenbällchen (siehe oben) zubereiten. Jedes Bällchen sollte eine Weintraube enthalten.

Traubenbällchen
Brigadeiro de Uva

für etwa 50 Stück

200 g Weintrauben
1 Dose gezuckerte
   Kondensmilch
1 Ei
1 EL Butter

◆

Kuchen und Torten
Bolos e Tortas

◆

◆ Das Tapioka-Mehl in heißer Milch eine Stunde einweichen. Anschließend alle Zutaten miteinander vermischen und in einer eingefetteten Kastenform bei 220° 50 bis 60 Minuten backen.

Tapioka-Kuchen
Bolo de Tapioca

2 Stunden Vorbereitungs-
und Kochzeit

250 g Tapioka-Mehl
1 Tasse Milch
250 g Weizenmehl
1 Päckchen Backpulver
200 g Zucker
250 g Butter oder Margarine
4 Eier
1 Prise Salz

◆ Butter, Zucker, Eigelb und eine Prise Salz schaumig rühren. Das mit Backpulver vermengte Mehl mit dem Kakao zufügen. Alles verrühren, dabei nach und nach Milch zugießen. Zum Schluß das steifgeschlagene Eiweiß unterheben. In einer Springform im vorgeheizten Ofen bei 220° 50 bis 60 Minuten backen.

Variante:
Statt Milch Orangensaft verwenden.

Schokoladenkuchen
Bolo de Chocolate

3 EL Instant-Kakao
3 EL Butter
2 Tassen Zucker
3 Eier (Eiweiß und Eigelb
getrennt)
1 Päckchen Backpulver
3 Tassen Mehl
1 Tasse Milch

◆ Butter, Zucker, Kaffeepulver, Kakao und Eigelb verrühren. Das mit Backpulver vermengte Mehl mit Milch und einer Prise Salz nach und nach zufügen. Zum Schluß das steifgeschlagene Eiweiß unterziehen. In einer Springform bei 220° 50 bis 60 Minuten backen.

Pelé-Kuchen
Bolo Pelé

2 EL Butter
9 EL Zucker
2 EL Instant-Kaffee
2 EL Instant-Kakao
3 Eier (Eiweiß und Eigelb
getrennt)
1 EL Backpulver
10 EL Mehl
1 Tasse Milch

»Gaunerkuchen«
Bolo Patota

1 Tasse Zucker
3 Eier
1 TL abgeriebene
　Zitronenschale
$^3/4$ Tasse Öl
$^3/4$ Glas trockener Weißwein
1$^1/2$ Tassen Mehl
$^1/2$ Päckchen Backpulver
1 Dose gezuckerte
　Kondensmilch

◆ Zucker, Eier, Zitronenschale und eine Prise Salz vermischen. Öl und Wein zufügen, weiterschlagen. Das mit Backpulver vermengte Mehl unterrühren. In einer eingefetteten, bemehlten Springform bei 175° etwa 45 Minuten backen.
Währenddessen die ungeöffnete Dose Kondensmilch in einem Dampfkochtopf in 1$^1/2$ l Wasser etwa 30 Minuten kochen.
Den Kuchen erkalten lassen, in der Mitte einmal durchschneiden und mit der erkalteten Creme füllen.

Schnee-Torte
Torta Nevada

für 6 Personen

2 Päckchen Löffelbiskuits
3 Eiweiß
abgeriebene Zitronenschale
2 gehäufte EL Instant-Kakao
9 EL Zucker
1 Gläschen Likör
　(Eier-, Orangen-,
　Kakao- oder Kirschlikör)

für die Creme:
1 Dose gezuckerte
　Kondensmilch
gleiche Menge Vollmilch
3 Eigelb
2 EL Stärkemehl

◆ Für die Creme alle Zutaten mit dem Handrührer verquirlen. Erhitzen und unter ständigem Rühren kochen, bis die Creme eindickt.
In einer Schüssel 1 Tasse Wasser, Kakao, 3 EL Zucker und Likör miteinander vermischen. Die Biskuits einzeln hineintauchen und abwechselnd mit der Creme in eine feuerfeste Glasform schichten.
Das Eiweiß zu steifem Schnee schlagen, restlichen Zucker nach und nach zugeben. Zitronenschale hinzufügen. Den Eierschaum über die Biskuit-Creme-Schichten geben und im Backofen bei 150° 10 bis 15 Minuten trocknen. Gut gekühlt servieren.

◆ In einer Schüssel Butter und Zucker mit dem Handrührer verquirlen. Unter ständigem Rühren nach und nach Eigelb sowie das mit Backpulver vermengte Mehl untermischen. Das steifgeschlagene Eiweiß unterheben und die in kleine Stücke geschnittenen Früchte ebenfalls zugeben. Die Masse in eine eingefettete, bemehlte Form füllen. Bei 180° etwa eine Stunde backen.

Köstliche Früchte-Torte
Torta Suprema de Frutas

800 g verschiedene Früchte
  (Birnen, Äpfel, Aprikosen,
  Mangos, Bananen, Ananas
  etc.)
100 g Butter oder Margarine
150 g Zucker
3 Eier (Eiweiß und Eigelb
  getrennt)
200 g Mehl
1 Päckchen Backpulver

◆ Butter und Zucker schaumig schlagen, Eigelb nach und nach hinzufügen. Das mit Backpulver vermengte Mehl untermischen, Fruchtsaftkonzentrat zugeben und zuletzt das steifgeschlagene Eiweiß unterziehen. In einer eingefetteten Springform bei 200° 50 bis 60 Minuten backen.

Variante:
Den heißen Kuchen mit der Gabel einstechen und mit Fruchtsaftkonzentrat beträufeln.

Orangenkuchen
Bolo de Laranja

1 Tasse Fruchtsaftkonzentrat
  (Orange)
200 g Mehl
200 g Butter oder Margarine
200 g Zucker
4 Eier (Eiweiß und Eigelb
  getrennt)
1 Päckchen Backpulver

◆ Mehl, Backpulver und Zucker mischen, in eine gut eingefettete feuerfeste Form geben. Bananen schälen, in Scheiben schneiden und hineinlegen. Butterflöckchen daraufsetzen. Milch und Eier verquirlen, über die Bananen gießen. Im Ofen bei 200° knapp 30 Minuten backen.

Bananentorte
Torta de Banana

für 6 Personen

6 Bananen
5 EL Mehl
1 TL Backpulver
4 EL Zucker
50 g Butter
100 ml Milch
2 Eier

Kreolische Ananas
Abacaxi à Creoula

8-10 Scheiben Ananas
   im Saft
8-10 eingekochte
   Sauerkirschen
120 g Zucker
4 Eier
200 g Mehl
1 Tasse Milch
180 g Butter
1 Gläschen Rum
1 Tasse kalter Kaffee
125 g Rosinen
60 g Hagelzucker

◆ In einem großen Topf Zucker und Eier bei schwacher Hitze mit dem Schneebesen fest schlagen, bis sich die Menge verdoppelt hat. Den Topf vom Herd nehmen und weiterschlagen, bis die Masse abgekühlt ist. Nach und nach unter weiterem Schlagen gesiebtes Mehl, Milch und 150 g Butter zufügen, bis eine glatte Creme entsteht. Rum, Kaffee und in lauwarmem Wasser eingeweichte Rosinen beigeben. Alles miteinander vermischen und 10 Minuten an einem kühlen Ort ruhenlassen.
Währenddessen die Ananasscheiben mit einem Tuch oder saugfähigem Papier trockentupfen. Auf einem Backblech Hagelzucker und restliche Butter bei mäßiger Hitze schmelzen, die Form damit ausstreichen, mit den Ananasscheiben auslegen. In deren Mitte je eine Kirsche legen. Den Teig in die Form gießen und im vorgeheizten Ofen bei 220° etwa 50 Minuten backen.
Warm oder kalt servieren.

Paranuß-Rolle
Rocambole Delicioso

200 g Paranüsse
2 Dosen gezuckerte
   Kondensmilch
200 g Kokosflocken
6 Eier
200 g Butter oder Margarine
150 g Mehl
1 TL Backpulver
6 EL Instant-Kakao
5 EL Zucker

zum Bestreuen:
Puderzucker
Kokosflocken

◆ Ein Blech mit eingefettetem Backpapier auslegen. Kondensmilch daraufgießen, Kokosflocken und Paranuß-Splitter darüberstreuen.
Eier und Butter schaumig schlagen, die anderen Zutaten – ohne zu schlagen – untermischen. Den Teig auf das Blech geben und im vorgeheizten Ofen bei 175° etwa 30 Minuten backen.
Auf ein feuchtes, mit Zucker bestreutes Tuch stürzen, das Backpapier abziehen und den Teig vorsichtig einrollen. Nach Belieben mit Puderzucker und/oder Kokosflocken bestreuen.

◆ Alle Zutaten zu einem Knetteig verarbeiten und 30 Minuten im Kühlschrank ruhenlassen.
Für die Füllung alle Zutaten außer den Nüssen mit dem Handrührer verquirlen. Kochen, bis die Masse eindickt. In einer Pfanne die Paranuß-Splitter rösten, die Hälfte unter die Füllung mengen. Boden und Rand einer Springform mit dem Knetteig auslegen. Bei 175° etwa 15 Minuten backen.
Die Creme hineinfüllen, mit dem Rest der Nüsse bestreuen und weitere 10 Minuten backen.

Variante:
Die Paranüsse durch Kokosflocken oder Mandelsplitter ersetzen.

Torte mit Paranüssen
Torta de Castanha do Pará

1 1/2 Tassen Mehl
1/2 Tasse Zucker
100 g Butter oder Margarine
1 Ei
abgeriebene Zitronenschale
1 Prise Salz

für die Füllung:
1/2 l Milch
2 Eier
2 EL Mehl
1/2 Fläschchen Vanille-Backöl
100 g Paranüsse

◆ Eiweiß zu steifem Schnee schlagen. Eigelb nach und nach zugeben und schlagen. Weiche Butter sowie Zucker zufügen und erneut schlagen, bis eine Creme entsteht. Erdnüsse hineingeben, zuletzt die Creme de Leite unterziehen.
Eine eingefettete Form mit Butterkeksen auslegen, schichtweise mit Erdnuß-Creme und Keksen füllen. Mit gehackten Erdnüssen bestreuen, über Nacht in den Kühlschrank stellen.
Gut gekühlt servieren.

Erdnuß-Torte aus dem Kühlschrank
Torta de Amendoim de Geladeira

am Vortag zubereiten

300 g geröstete, gemahlene
    Erdnüsse
2 Eier (Eiweiß und Eigelb
    getrennt)
100 g Butter
200 g Zucker
1 Dose Creme de Leite
200 g Butterkekse

zum Bestreuen:
gehackte Erdnüsse

Delikate Möhrenrolle mit Kokosflocken
Rocambole de Cenoura e Coco

500 g Möhren
4 Eier (Eiweiß und Eigelb
    getrennt)
50 g Kokosflocken
500 g Zucker
4 EL Mehl
1 TL Backpulver
zum Bestreuen: Zucker,
    gemahlener Zimt

◆ Die gekochten und noch warmen Möhren mit Eigelb im Mixer pürieren. Kokosflocken, Zucker und das mit Backpulver vermengte Mehl zugeben, verrühren. Das steifgeschlagene Eiweiß vorsichtig unterziehen. Die Masse auf ein mit Backpapier ausgelegtes und eingefettetes Blech geben, bei 175° 30 bis 40 Minuten backen.
Im warmen Zustand auf ein Tuch stürzen, das mit Zucker – und eventuell mit Zimt – bestreut ist, einrollen und mit einem Zucker-Zimt-Gemisch bestreuen.

Kuchen aus Maismehl und Kokosmilch
Bolo de Fubá com Leite de Coco

2½ Tassen Maismehl
1 Tasse Kokosmilch
2 EL Butter
3 Eier (Eiweiß und Eigelb
    getrennt)
1 Dose gezuckerte
    Kondensmilch
1 Päckchen Backpulver
2 EL geriebener Käse

◆ Butter schaumig rühren, Eigelb und Kondensmilch zufügen. Unter ständigem Schlagen nach und nach Kokosmilch, das mit Backpulver vermengte Mehl und Käse untermischen. Zum Schluß das steifgeschlagene Eiweiß vorsichtig unterheben.
In einer eingefetteten Kastenform bei 175° etwa eine Stunde backen.

Maiskuchen
Bolo de Milho Verde

2 Dosen Mais oder
    400 g tiefgekühlter Mais
200 ml Kokosmilch
¼ l Vollmilch
100 g Butter oder Margarine
3 Eier
350 g Zucker
1 EL Backpulver
3 EL geriebener Käse

Dies ist nur eines von vielen Rezepten für Maiskuchen – in Brasilien sind unzählige Variationen bekannt.

◆ Mais mit Kokos- und Vollmilch im Mixer pürieren. Butter, Eier und Zucker schaumig rühren. Backpulver, Käse und eine Prise Salz zugeben. Mit dem Maispüree vermischen und auf ein eingefettetes Blech geben. Im vorgeheizten Ofen bei 200° etwa 50 Minuten backen.

◆

Salzgebäck
Salgadinhos

◆

Als Salgadinhos bezeichnet man in Brasilien salziges Kleingebäck, zumeist aus einem Mehlteig und mit verschiedenen Füllungen, gebratene oder gebackene Leckereien, die als Vorspeise, Imbiß, Zwischenmahlzeit, als Beilage zu Bier oder Aperitif, bei festlichen oder informellen kalten Buffets angeboten werden.

Salgadinhos kennt man in unterschiedlichsten Variationen und Geschmacksrichtungen; sie sind in Kneipen und Konditoreien, in Kaffeehäusern und an Bierständen zu finden. Sie stellen jedoch auch eine wichtige Verdienstquelle für viele Familien dar, die ihre Waren nicht nur an Lokale liefern, sondern auch an private Haushalte zu festlichen Anlässen.

Pasteten und Kroketten sind die populärsten und beliebtesten Salgadinhos.

◆ Milch, Zucker und Hefe miteinander verrühren, 45 Minuten warm stellen.
Weiche Butter, die wenig geschlagenen Eier, Mehl und ½ TL Salz untermischen, den Teig kneten. Brötchen formen, auf ein eingefettetes Backblech legen, mit einem trockenen Tuch bedecken und etwa zwei Stunden gehen lassen. Im vorgeheizten Ofen bei 250° etwa 8 Minuten backen – die Brötchen sollen sehr hell und sehr weich sein.
Mit heißer Butter bestreichen, nach Geschmack mit Käse bestreuen.

Geburtstagsbrötchen
Pãezinhos de Aniversário

für 25-30 Stück

200 ml warme Milch
2 EL Zucker
100 g Hefe
120 g Butter
2 Eier
450 g Mehl
zum Bestreichen: Butter,
    geriebener Käse

◆ Mehl, Backpulver und Zucker miteinander vermischen, Eier zugeben und Milch zugießen. In kleine, eingefettete Förmchen füllen und bei 220° etwa 15 Minuten backen.
Heiß servieren.

Maisbrote
Pães de Milho

für etwa 30 Stück

250 g Maismehl
250 g Weizenmehl
1 TL Backpulver
65 g Zucker
2 Eier
65 ml heiße Milch
zum Einfetten: 65 ml Öl

◆ Den Mais ohne Flüssigkeit im Mixer pürieren. Eiweiß zu steifem Schnee schlagen, nach und nach Eigelb zufügen und Maispüree zugeben, vorsichtig rühren. Das mit Backpulver vermengte Mehl, Käse, die sehr weiche bis flüssige Butter untermischen, salzen. Die Masse auf ein eingefettetes Blech streichen und im vorgeheizten Ofen bei 200° 30 bis 40 Minuten backen.
In kleine Quadrate schneiden und warm servieren.

Mais-Überraschung
Surpresa de Milho Verde

2 Dosen Mais oder
    400 g tiefgekühlter Mais
8 Eier (Eiweiß und Eigelb
    getrennt)
1 Päckchen Backpulver
2 EL Mehl
2 EL geriebener Parmesan
1 EL Butter

Pasteten
Pastéis

für etwa 20 Stück

500 g Mehl
1 Eigelb
125 g Schmalz
zum Fritieren: Öl

für die Füllung:
1 EL Öl
1 kleine, gehackte Zwiebel
1 kleine Knoblauchzehe
2 EL Tomatenmark
250 g Hackfleisch
2 EL gehackte Petersilie
3 hartgekochte Eier
entkernte Oliven

◆ In das Mehl eine Vertiefung drücken, Eigelb, Schmalz, Salz und 200 ml Wasser hineingeben. Alles zu einem glatten, geschmeidigen Teig verarbeiten. Eine Stunde kühl stellen.
Für die Füllung Öl erhitzen und Zwiebel, zerdrückten Knoblauch sowie Tomatenmark kurz darin andünsten. Hackfleisch zufügen und anbraten. Mit 1 TL Salz und $1/2$ TL Pfeffer würzen, zuletzt Petersilie untermischen.
Den Teig dünn ausrollen und mit einem Glas etwa 10 cm große Kreise ausstechen. 1 EL Füllung daraufgeben, mit einer Scheibe Ei und/oder einer Olive belegen und zusammenklappen. Die Teigtaschen an den Seiten mit einer Gabel zusammendrücken, bis Rillen entstehen.
In heißem Öl fritieren.

Varianten:
Das Hackfleisch durch eine Käsemasse, Hähnchenfleisch, Krabben, Palmenherzen oder Bratenreste ersetzen.

Quibe

am Vortag beginnen
für etwa 30 Stück

500 g Hackfleisch
125 g Weizengrütze
1 große, gehackte Zwiebel
1-2 Knoblauchzehen
1 Bund Minze
zum Fritieren: Öl

Das Gericht ist in ganz Brasilien bekannt und verbreitet, besonders aber in São Paulo. Es zeigt den arabischen Einfluß auf die brasilianische Küche. Quibe werden als kalte Zwischenmahlzeit gegessen und schmecken besonders gut zu einem Glas Bier.

◆ Die Weizengrütze über Nacht in Wasser einweichen und quellen lassen. Am nächsten Tag abtropfen lassen, mit Zwiebel, zerdrücktem Knoblauch und Hackfleisch vermischen, salzen und pfeffern. Den Teig in etwa 30 zigarrenförmige Teile rollen, jeweils eine längliche Vertiefung hineindrücken, ein bis zwei Minzeblätter hineinlegen und wieder schließen.
Die Teigrollen in heißem Öl fritieren.

◆ Margarine schmelzen und etwas abkühlen lassen. Käse zufügen, Milch, Backpulver und Mehl untermischen – dabei so viel Mehl verwenden, daß der Teig nicht mehr an den Händen klebt.
Für die Füllung Schinken durch den Fleischwolf drehen, mit Käse vermischen, mit Salz und Pfeffer abschmecken.
Den Teig halbieren, beide Hälften ausrollen und dünn mit der Füllung bestreichen. Beide Teile getrennt voneinander zusammenrollen und mit Backpapier umwickeln. Etwa zwei Stunden in das Gefrierfach oder die Kühltruhe legen.
Den Teig in halbgefrorenem Zustand in Scheiben von etwa 1/2 cm Dicke schneiden und im Ofen bei 220° 10 bis 15 Minuten backen.
Mit wenig Mayonnaise bestreichen und mit einer Olive verzieren.

Käse-Röllchen
Rolinhos de Queijo

3 Stunden Vorbereitungs-
  und Kochzeit
für etwa 50 Stück

175 g geriebener Käse
175 g Margarine
125 ml Milch
Mehl
1 TL Backpulver
Mayonnaise
Oliven

für die Füllung:
200 g gekochter Schinken
50 g geriebener Käse

◆ Alle Zutaten kneten, bis der Teig nicht mehr an den Händen klebt. Wenn nötig, weiteres Mehl zugeben.
Für die Käse-Creme alle Zutaten miteinander vermischen. Die nicht eingefetteten Förmchen mit einer dünnen Schicht Teig auslegen und zur Hälfte mit der Creme füllen.
Im vorgeheizten Ofen bei 220° etwa 20 Minuten backen.

Käse-Pasteten
Empadinhas de Queijo

für 15 Stück

7 gehäufte EL Mehl
1 Eigelb
1 EL Margarine
1 EL Schmalz oder Butter
1/2 TL Salz

für die Käse-Creme:
2 Tassen geriebener Käse
  (mittelalter Gouda,
  Appenzeller)
2 EL geriebener Parmesan
1 Tasse Milch
3 Eier
1 EL zerlassene Butter
1 Prise Salz
1 Prise weißer Pfeffer

15 kleine Pastetenförmchen

Klippfisch-Bällchen
Bolinhos de Bacalhau

am Vortag beginnen

250 g Klippfisch
200 g Kartoffeln
3 Eier
1 EL Mehl
1 gehackte Zwiebel
1 zerdrückte Knoblauchzehe
gehackte Petersilie
gehackter Schnittlauch
gehackter Koriander
Pfeffer, Salz
zum Fritieren: Öl

◆ Den Klippfisch zum Entsalzen über Nacht in kaltes Wasser legen, das Wasser dabei zwei- bis dreimal wechseln.
Am nächsten Tag Haut und Gräten entfernen und den Fisch durch den Fleischwolf drehen. Kartoffeln kochen und pürieren.
Fisch- und Kartoffelmasse vermengen, die übrigen Zutaten untermischen und 15 Minuten ruhenlassen.
Mit einem Eßlöffel Bällchen formen und in heißem Öl fritieren.

»Runde Augen«
Olhos Redondos

8 EL geriebener Käse (davon
    1 EL Parmesan)
3 EL Milch
2 EL Butter oder Margarine
1 EL Schmalz
1 TL Backpulver
Mehl
schwarze Oliven

◆ Alle Zutaten außer den Oliven miteinander vermischen und so viel Mehl verwenden, daß sich aus dem Teig Bällchen formen lassen. Mit dem Finger eine Vertiefung hineindrücken, je eine Olive hineingeben. Die Bällchen auf ein eingefettetes, bemehltes Blech legen und im Ofen bei etwa 200° 20 bis 30 Minuten backen.

Varianten:
Statt der schwarzen grüne Oliven oder Krabben verwenden.

◆ Mehl, Butter, Eigelb und ½ TL Salz zu einem glatten, geschmeidigen Teig verarbeiten und eine Stunde im Kühlschrank ruhenlassen.
Für die Füllung die Krabben ein- bis zweimal durchschneiden. Mit Tomaten, Zwiebeln, zerdrücktem Knoblauch, Tomatenmark, Öl, Petersilie, Pfeffer und ½ TL Salz 15 Minuten dämpfen. Das Stärkemehl mit der Milch anrühren, die Füllmasse damit andicken, erkalten lassen.
Die Förmchen mit Teig auslegen, Füllung hineingeben, je eine Olive hineinstecken. Die Förmchen mit einem dünnen Teigdeckel verschließen, die Deckel eventuell mit einer Mischung aus Eigelb und Kaffee bestreichen – so bekommen die Pastetchen eine dunklere Farbe. Im vorgeheizten Ofen bei 220° 20 bis 25 Minuten backen.

Variante:
Die Füllung mit 250 g Hühnerfleisch zubereiten.

Pastetchen
Empadinha

2 Stunden Vorbereitungs-
 und Kochzeit
für 20 Stück

500 g Mehl
250 g Butter oder Margarine
3 Eigelb

für die Füllung:
200 g Krabben
2 Tomaten
2 gehackte Zwiebeln
1 Knoblauchzehe
1 EL Tomatenmark
3 EL Oliven- oder Pflanzenöl
1 EL gehackte Petersilie
1 EL Stärkemehl
2 EL Milch
20 entkernte Oliven

zum Bestreichen: 2 Eigelb,
 1 TL Kaffee

20 Pastetenförmchen

◆ Die Trockenpflaumen mit einem Käsestückchen füllen und mit Schinken umwickeln. Im Ofen bei 220° etwa 15 Minuten backen.

Varianten:
▷ Die Trockenpflaumen mit einer Mischung verschiedener Käsesorten oder mit etwas Frischkäse füllen.
▷ Statt Käse milde Leberwurst verwenden.

Gefüllte Trockenpflaumen
Salgadinhos com Ameixa Seca

Trockenpflaumen ohne
 Steine
Hartkäse
Schinken oder durch-
 wachsener Speck

◆

Getränke
Bebidas

◆

Eine Batida ist eine mit Fruchtsaft und Zucker »verlängerte« Cachaça. Die Bezeichnung leitet sich ab von bater, das unter anderem »schlagen« im Sinne von »schütteln« meint. Ist kein Shaker vorhanden, zwei gegeneinandergesetzte Gläser benutzen. Improvisationen sind erlaubt: Statt Cachaça können auch Korn, Wodka, weißer Rum oder andere Getränke als Grundsubstanz dienen.

◆ Im Shaker kräftig schütteln.

Varianten:
▷ Jeder Fruchtsaft eignet sich für eine Batida, besonders beliebt sind Limonen und alle Arten von Zitrusfrüchten, Maracuja, Caju, Ananas und Pitanga.
▷ Schokolade, Erdnüsse oder Kokosmilch zufügen.

◆ Im Shaker auf Eis mixen.

◆ Im Shaker auf Eis mixen.

Varianten:
Den Kakaolikör durch Grand Marnier oder Cointreau ersetzen.

Grundrezept für Batidas
Receita Básica de Batida

1 Teil Cachaça
1 Teil Fruchtsaft
$1/2$ Teil Wasser
   oder Eiswürfel
nach Geschmack: Zucker

»Jaguarmilch«
Leite de Onça

1 Flasche Cachaça
1 Dose gezuckerte
   Kondensmilch
$1/2$ Dose Kokosmilch

»Jaguarmilch spezial«
Leite de Onça Especial

100-150 ml Cognac
1 Dose gezuckerte
   Kondensmilch
gleiche Menge Vollmilch
5 EL Kakaolikör

»Hübsches Mädchen«
Moça Bonita

1 Dose gezuckerte
 Kondensmilch
gleiche Menge Cachaça
8 EL Instant-Kakao
Eiswürfel

◆ Im Mixer verquirlen und eisgekühlt servieren.

Caipirinha

ungespritzte Limonen-
 stückchen
1 Glas Zucker
³/4 l Cachaça
1 Glas Wasser
Eiswürfel

◆ In einem Glas Limonenstückchen und etwas Zucker mit der Gabel zerdrücken, übrige Zutaten zufügen. Eisgekühlt servieren.

Variante:

Limonen-Batida
Batida de Limão

◆ Die Limonenstückchen durch 200 ml Limonensaft ersetzen. Im Mixer schlagen.

Batida zum Picknick
Batida para Piquenique

1 Flasche Cachaça
5 Zitronen (Saft)
1 Päckchen Vanillezucker
¹/2 Glas Wasser
1 Glas Zucker
2 EL Fruchtsaftkonzentrat
 (Cashew)

◆ Auf Eis mixen und eisgekühlt servieren.

◆ Auf Eis mixen und kalt servieren.

Passionsfrucht- oder Cashew-Batida
Batida de Maracujá ou de Caju

2 Teile Cachaça
1 Teil Fruchtsaftkonzentrat
  (Passionsfrucht oder
  Cashew)
$1/2$ Teil Wasser
nach Geschmack: Zucker
  (bis zu 1 Teil)

◆ Auf Eis mixen.

»Königsblut«
Sangue Real

1 Flasche Cachaça
1 Flasche Fruchtsaft-
  konzentrat (Maracuja)
1 Tasse Zucker
$1/2$ l leichter Rotwein

◆ Die Ananas schälen, die »Augen« entfernen. Im Mixer pürieren, durchsieben, weißen Rum zugießen. Nach Belieben süßen, eventuell einige Löffel Kondensmilch zugeben.

Ananas-Schwips
Batida de Abacaxi Especial

1 Ananas
$1/4$ l weißer Rum
brauner Zucker oder
  Rohrzucker
gezuckerte Kondensmilch

Erdnuß-Schwips
Batida de Amendoim

1 Dose gezuckerte
   Kondensmilch
gleiche Menge Vollmilch
gleiche Menge weißer Rum
2 gehäufte EL Erdnußbutter

◆ Im Mixer schlagen.

Grundrezept für Likör
Receita Básica de Licor

1 l Cachaça oder Branntwein
50-200 g Fruchtextrakt
   (ausgepreßter Fruchtsaft,
   je nach Geschmacks-
   intensität der Früchte)
200 g Zucker
Aroma- und Bitterstoffe
   (Minze, Zimt, Vanille,
   Majoran, Basilikum,
   Fenchel, Oregano,
   Zichorie etc.)

Hausgemachte Liköre sind besonders im Nordosten Brasiliens sehr geschätzt. Bestimmte Nonnenklöster sind bekannt für Vielfalt und Qualität ihrer Liköre. Der Juni mit seinen Festen für die drei populärsten katholischen Heiligen in Brasilien – Antonius, Johannes und Petrus – ist die Zeit der Liköre.

◆ Cachaça und Fruchtextrakt in einem verschließbaren Glasgefäß ansetzen und zehn Tage stehen lassen.
Zucker in $1/2$ l Wasser auflösen und zufügen. Probeweise kleine Mengen dieser Grundmischung mit verschiedenen Aroma- oder Bitterstoffen kombinieren und die gewünschte Geschmacksrichtung wählen.

Variante:
Liköre werden sehr süß getrunken, die Zuckermenge läßt sich aber ohne weiteres reduzieren.

◆ Alle Zutaten zusammen erhitzen und heiß halten, jedoch nicht kochen. Von Zeit zu Zeit etwas Cachaça nachgießen.

Varianten:
Den Geschmack durch einige Tropfen Vanille oder Maracuja, etwas Orangen-, Zitronen- oder Ananassaft, einige Teeblätter oder wenig Ingwer variieren.

Vitaminas heißen in Brasilien nahrhafte Mixgetränke aus Milch oder Saft und Fruchtfleisch; mitunter werden auch bestimmte Gemüsesorten wie Möhren oder rote Bete beigemischt. Vitaminas sind eine beliebte und erfrischende Zwischenmahlzeit, die in fast jeder Imbißstube oder Eisdiele angeboten wird. Sie sind Milchshakes vergleichbar, jedoch wesentlich dickflüssiger. Am bekanntesten ist die Vitamina de Banana, die nach Belieben durch andere Früchte ergänzt und abgewandelt werden kann.

◆ Milch, Banane und Zucker im Mixer sämig schlagen. Zitronensaft zufügen und nochmals kräftig schlagen. Gut gekühlt servieren.

Variante:
Mit 1 EL Haferflocken und 1 TL Kakaopulver verfeinern.
◆ Eine Kanne mit heißem Wasser ausspülen, 1

Heißes Ingwer-Getränk aus São Paulo
Quentão

20 Tassen Cachaça
10 Tassen Wasser
$1/2$ Tasse sehr fein geschnittener Ingwer
3 ungespritzte Limonen in Scheiben
5 Gewürznelken
3-5 Zimtstangen
1 Pfefferkorn
Zucker

Bananen-Milchgetränk
Vitamina de Banana

1 Glas Milch pro Person
1 Banane
1 EL Zucker
1 TL Zitronensaft

Kaffee nach Hausfrauenart
Café Doméstico

1 EL Kaffeepulver pro Tasse

Tasse Kaffeepulver hineingeben und mit 6 Tassen Wasser übergießen. Mit einem eigens dafür bestimmten Holzlöffel umrühren. Kurz aufwallen lassen und nochmals umrühren. Die Kanne kurz vom Herd nehmen, erneut aufwallen lassen und durch einen Kaffeefilter gießen.

Den Kaffee in zuvor mit heißem Wasser ausgespülte und vorgewärmte Tassen gießen.

Rezeptregister

Abacate em Salada 124
Abacaxi à Creoula 178
Abacaxi Coroado 147
Abacaxi Frito 148
Ambrosia 141
Ananas, gebraten 148
Ananas, gekrönt 147
Ananas, kreolisch 178
Ananas-Creme 147
Ananas-Pudding 146
Ananas-Schwips 193
Arroz Branco 135
Arroz com Nozes 137
Arroz com Repolho 135
Arroz de Forno 136
Arroz de Haussá 136
Arroz de Viúva 135
Arroz Doce Especial 142
Arroz Temperado 135
»Auf dem Pferd« 81
Avocado-Creme 146
Avocado-Salat 124
Bacalhau com Arroz 138
Bacalhau com Leite de Coco 96
Bahianische Pfeffersauce 109
Banana na Casca 148
Bananas ao Forno Especial 150
Bananas Carameladas 149
Bananas com Vinho 149
Bananas da Terra Fritas 150
Bananen im Ofen 150
Bananen in der Schale 148
Bananen in Wein 149
Bananen, karamelisiert 149
Bananen-Farofa 131
Bananen-Milchgetränk 195
Bananen-Süßspeise 148
Bananentorte 177
Batida (Grundrezept) 191

Batida de Abacaxi Especial 193
Batida de Amendoim 194
Batida de Limão 192
Batida de Maracujá ou de Caju 193
Batida para Piquenique 192
Batida zum Picknick 192
Bife 80
Bife a Cavalo 81
Blumenkohl-Pudding 116
Bohnen mit getrockneten Krabben, grüne
   (Auflauf) 114
Bohnen mit Kokosmilch 119
Bohnen mit Maniokmehl 120
Bohnen mit Palmöl 120
Bohnen nach Hausfrauenart 119
Bohnen-Mais-Salat 125
Bohnensuppe 72
Bolinhos de Arroz 137
Bolinhos de Bacalhau 186
Bolo de Chocolate 175
Bolo de Fubá com Leite de Coco 180
Bolo de Laranja 177
Bolo de Legumes 115
Bolo de Milho Verde 180
Bolo de Tapioca 175
Bolo Patota 176
Bolo Pelé 175
Braten (Grundrezept) 77
Braten in rostbrauner Sauce 78
Brigadeiro 171
Brigadeiro de Uva 171
Brotpudding mit Kokosmilch 152
Brotscheiben, golden 143
Café Doméstico 196
Caipirinha 192
Calda Caramelada 141
Calda Queimada 141
Camarão à Baiana 105
Camarão com Chuchu 103
Camarão com Macarrão 106
Camarões ao Molho de Queijo 105
Canja de Galinha 74
Carne Assada ao Molho de Ferrugem 78

Caruru 59
Cebolas ao Creme 117
Cenouras ao Conhaque 115
Chayoten-Soufflé 118
Churrasco Gaúcho 62
Churrasco Misto 61
Churrasco-Sauce, scharf 109
Cocada com Ovos 151
Cocada Queimada 151
Compota de Goiaba ou Doce de Goiaba em
  Calda 145
Copacabana-Hähnchen 90
Couve Mineira 113
Coxas de Galinha com Presunto e Ameixa 89
Cozido 67
Creme com Frutas Frescas 144
Creme de Abacate 146
Creme de Abacaxi 147
Creme mit frischen Früchten 144
Cuscuz de Milho 143
Cuscuz de Tapioca 144
Delícia de Chocolate 142
Delikate Möhrenrolle mit Kokosflocken 180
Doce de Ameixa 146
Doce de Banana 148
Efó 60
Eier-Farofa 131
Eintopf 67
Empadinha 187
Empadinhas de Queijo 185
»Engels-Pausbäckchen« 169
»Engelsfuß« 145
Ensopado de Carne 78
Erdnuß-Schwips 194
Erdnuß-Torte aus dem Kühlschrank 179
Escaldado de Peru 65
Farofa de Banana 131
Farofa de Biscoito Creme Craker 132
Farofa de Dendé 131
Farofa de Lingüiça 131
Farofa de Ovos 131
Farofa Mista 131
Farofa mit Palmöl 131

Farofa Seca 131
Farofa, trocken 131
Farofa-Mischung 131
Feijão Caseiro 119
Feijão de Azeite 120
Feijão de Leite 119
Feijãoada Completa 57
Feijoada, groß 57
Feine Karamelsauce 141
Filé 79
Filet 79
Fisch auf brasilianische Art 96
Fisch in Olivenöl 97
Fisch in Palmöl 98
Fisch in Sahnesauce 95
Fisch-Soufflé mit Krabbensauce 99
Fischfilet, köstlich 95
Fischsud-Pirão 132
Fleischförmchen 84
Fleischsorten am Spieß, verschiedene 61
Forminhas de Carne 84
Frango ao Creme de Milho 91
Frango com Molho de Queijo 90
Frango Copacabana 90
Frango de Roupa Nova 92
Frigideira de Camarão 104
Fritada de Vagens 114
Früchte-Torte, köstlich 177
»Gaunerkuchen« 176
Gebackener Reis (Auflauf) 136
Gebratene Ananas 148
Gebratene Kochbananen 150
Geburtstagsbrötchen 183
Gedämpftes Gemüse (Grundrezept) 113
Gefüllte Pute 65
Gefüllte Rinderlende 80
Gefüllte Trockenpflaumen 187
Gekrönte Ananas 147
Gemüse, gedämpft (Grundrezept) 113
Gemüse, gratiniert (Grundrezept) 113
Gemüsekuchen (Auflauf) 115
Gemüsesuppe 71
Gemüsesuppe, püriert 71

Geschmortes Rindfleisch 78
Gewürzter Reis 135
Goldene Brotscheiben 143
Gratiniertes Gemüse (Grundrezept) 113
Große Feijoada 57
Grüne Bohnen mit getrockneten Krabben
(Auflauf) 114
Grüne-Bohnen-Pfanne (Auflauf) 114
Grüner Kohl aus Minas Gerais 113
Guavenkompott 145
Hähnchen im neuen Kleid 92
Hähnchen in Käsesauce 90
Hähnchen mit Mais-Creme 91
Hähnchen mit Schinken und Pflaumen 89
Hähnchenbrust »Suprème« 89
Heißes Ingwer-Getränk aus São Paulo 195
»Hübsches Mädchen« 192
Hühnerpastete 92
Hühnersuppe 74
Ingwer-Getränk aus São Paulo, heiß 195
»Jaguarmilch« 191
»Jaguarmilch« spezial 191
Kaffee nach Hausfrauenart 196
Kaffee-Sorbet 159
Karamelisierte Bananen 149
Karamelisierte Kokos-Süßspeise 151
Karamelsauce 141
Karamelsauce, fein 141
Käse-Pasteten 185
Käse-Röllchen 185
Kaltes Roastbeef mit Orangen 82
Kichererbsen-Salat mit sauren Gurken 126
Klassischer Pavê 163
Klippfisch in Kokosmilch 96
Klippfisch mit Reis 138
Klippfisch-Bällchen 186
Klippfischsalat mit Kichererbsen 126
Kochbananen, gebraten 150
»Koketterie« 170
»Königsblut« 193
Köstliche Früchte-Torte 177
Köstliches Fischfilet 95
Kokos-Sorbet 160

Kokos-Süßspeise 151
Kokos-Süßspeise, karamelisiert 151
Kokoscreme, weiß 150
Kopfsalat, tropisch 123
Kopfsalat-Cremesuppe 73
Kopfsalat-Soufflé 117
Krabben auf bahianische Art 105
Krabben in Käsesauce 105
Krabben mit Chayoten 103
Krabben-Pfanne 104
Krabben-Stroganoff 103
Krabbensuppe 73
Kräcker-Farofa 132
Kreolische Ananas 178
Kuchen aus Maismehl und Kokosmilch 180
Kürbissuppe 72
Kuskus aus Tapioka-Mehl 144
Legumes Gratinados 113
Leite de Onça 191
Leite de Onça Especial 191
Likör (Grundrezept) 194
Limonen-Batida 192
Lombo de Porco com Ameixas Pretas 85
Lombo Recheado 80
Maionese 124
Mais-Eis 160
Mais-Kuskus 143
Mais-Soufflé 118
Mais-Überraschung 183
Maisbrei 155
Maisbrei mit Kokosmilch 155
Maisbrote 183
Maiskuchen 180
Manjar Branco com Coco 150
Manjar de Abacaxi 146
Maracuja-Sorbet 159
Mayonnaisen-Salat 124
Milchsüßspeise 141
Mingau de Milho 155
Mingau de Milho com Leite de Coco 155
Mingau de Tapioca 155
Mingau de Tapioca com Leite de Coco 156
Moça Bonita 192

Möhren mit Cognac 115
Möhren-Soufflé 117
Möhrenrolle mit Kokosflocken, delikat 180
Molho de Churrasco 109
Molho de Pimenta 109
Molho de Pimenta Baiano 109
Moqueca de Peixe 98
Mousse mit Kokosmilch 152
Musse de Leite de Coco 152
Musse de Limão 145
Nuß- oder Erdnuß-Sorbet 160
Olhos de Sogra 170
Olhos Redondos 186
Orangenkuchen 177
Pães de Milho 183
Pãezinhos de Aniversário 183
Palmenherzen auf Espírito-Santo-Art 116
Palmenherzensalat 123
Palmito à Capixaba 116
Papos de Anjo 169
Paranuß-Rolle 178
Passionsfrucht- oder Cashew-Batida 193
Pastéis 184
Pastelão de Galinha 92
Pastetchen 187
Pasteten 184
Pavê Clássico 163
Pavê com Ameixa Preta 165
Pavê mit Trockenpflaumen 165
Pavê Tropical 164
Pavê, klassisch 163
Pavê, tropisch 164
Pé de Anjo 145
Peito de Galinha Supremo 89
Peixe à Brasileira 96
Peixe com Azeite Doce 97
Peixe com Creme 95
Peixe Delícia 95
Pelé-Kuchen 175
Peru à Brasileira 64
Peru Recheado 65
Pfeffersauce 109
Pfeffersauce, bahianische 109

Picadinho de Carne 83
Pirão 132
Pirão com Caldo de Peixe 132
Pudding aus Kochbananen 149
Pudding aus Kondensmilch 141
Pudim de Banana da Terra 149
Pudim de Couve-Flor 116
Pudim de Leite Condensado 141
Pudim de Leite de Coco e Pão 152
Pürierte Gemüsesuppe 71
Pute auf brasilianische Art 64
Pute, gefüllt 65
Puten-Eintopf 65
Quentão 195
Quibe 184
Quindim 170
Rabanada ou Fatia de Parida 143
Receita Básica de Batida 191
Receita Básica de Carne Assada 77
Receita Básica de Legumes 113
Receita Básica de Licor 194
Reis spezial, süß 142
Reis der Haussa 136
Reis mit Nüssen 137
Reis mit Weißkohl 135
Reis, gebacken (Auflauf) 136
Reis, gewürzt 135
Reis, weiß 135
Reiskugeln 137
Rinderlende, gefüllt 80
Rindfleisch, geschmort 78
Rindfleischscheiben, zart 80
Rindsgehacktes 83
Roastbeef auf brasilianische Art 81
Roastbeef mit Orangen, kalt 82
Rocambole de Cenoura e Coco 180
Rocambole Delicioso 178
Rolinhos de Queijo 185
Rosbife à Brasileira 81
Rosbife Frio ao Molho de Laranja 82
»Runde Augen« 186
Salada de Alface Tropical 123
Salada de Bacalhau com Grão de Bico 126

Salada de Cebola 123
Salada de Feijão e Milho Verde 125
Salada de Grão de Bico com Pepino 126
Salada de Palmito 123
Salada de Trigo 127
Salgadinhos com Ameixa Seca 187
Sangue Real 193
Sardinen-Käse-Torte 100
Sardinen-Soufflé 100
Scharfe Churrasco-Sauce 109
Schnee-Torte 176
Schokoladen-Köstlichkeit 142
Schokoladenbällchen 171
Schokoladenkuchen 175
Schweinelende mit Trockenpflaumen 85
»Schwiegermutters Augen« 170
Sopa Creme de Alface 73
Sopa de Abóbora 72
Sopa de Camarão 73
Sopa de Espinafre à Minha Moda 72
Sopa de Feijão 72
Sopa de Legumes 71
Sopa de Verdura Passada 71
Sorbet aus Trockenpflaumen 159
Sorvete de Ameixa 159
Sorvete de Café 159
Sorvete de Coco 160
Sorvete de Maracujá 159
Sorvete de Milho Verde 160
Sorvete de Nozes ou de Amendoim 160
Spaghetti-Krabben (Auflauf) 106
Spießbraten auf Gaúcho-Art 62
Spinat-Soufflé 118
Spinatsuppe nach Hausfrauenart 72
Stroganoff de Camarão 103
Süßer Reis spezial 142
Suflé de Alface 117
Suflé de Cenoura 117
Suflé de Chuchu 118
Suflé de Espinafre 118
Suflé de Milho Verde 118
Suflé de Peixe com Molho de Camarão 99
Suflé de Sardinha 100

Surpresa de Milho Verde 183
Tapioka-Kuchen 175
Tapiokabrei 155
Tapiokabrei mit Kokosmilch 156
Tempero Feito em Casa 110
Torta de Amendoim de Geladeira 179
Torta de Banana 177
Torta de Castanha do Pará 179
Torta de Sardinha e Queijo 100
Torta Nevada 176
Torta Suprema de Frutas 177
Torte mit Paranüssen 179
Traubenbällchen 171
Trockene Farofa 131
Trockenpflaumen, gefüllt 187
Trockenpflaumenkompott 146
Tropischer Kopfsalat 123
Tropischer Pavê 164
Tutu de Feijão 120
Vagem com Camarão Seco 114
Vatapá 58
Verschiedene Fleischsorten am Spieß 61
Vinha d'Alhos 110
Vitamina de Banana 195
Wein-Knoblauch-Marinade 110
Weiße Kokoscreme 150
Weißer Reis 135
Weizengrütze-Salat 127
»Witwenreis« 135
Würzmischung nach Hausfrauenart 110
Zarte Rindfleischscheiben 80
Zitronen-Mousse 145
Zwiebel-Creme 117
Zwiebelsalat 123

Stichwortregister

Die *kursiven* Seitenangaben verweisen auf Texte,
die den Begriff erläutern, die übrigen auf Rezepte, in denen diese Zutat eine wichtige Rolle spielt.

Äpfel 65, 80, 85, 144, 177
Amendoim *42*
Ananas 64, 79, 123, 144, 147, 148, 164, 177, 178,
    191, 193, 195
Aprikosen 177
Avocados 124, 146
Azeite de Dendê *53*
Bacalhau *52*
Banana *41*
Bananen *41*, 148-150, 177, 195
Birnen 177
Blumenkohl 67, 103, 113, 116
Bohnen, braun 57, 72, 113, 119, 120, 125
Bohnen, grün 67, 113-115, 124, 136
Bohnen, rot 120
Bohnen, schwarz 57, 72, 113, 119, 120
Bohnen, weiß 113, 125
Bratenreste 184
Brot 58, 143, 152
Brotfrucht *42*
Cacau *50*
Cachaça *50*, 191-195
Café *50*
Camarões *53*
Carne seca *52*, 57, 67, 136
Cashewnüsse *42*, 58, 60, 192, 193
Castanha do Caju *42*
Castanha do Pará *46*
Chayoten *47*, 65, 67, 103, 113, 115, 118, 124
Cheiro Verde *48*
Chuchu *47*
Coco *43*
Coentro *49*
Couve Mineira *47*, 65, 67, 71, 113
Creme de Leite *52*, 72, 73, 91, 92, 95, 115, 159,
    160, 163, 164, 179
Dicke Rippe 67

Eier 72, 81, 84, 92, 100, 104, 114-120, 123, 124,
136-138, 141-143, 145, 147, 149, 150, 152, 159,
160, 170, 171, 175-180, 183-186
Erbsen 83, 103, 104, 113, 124, 126, 136, 138
Erdbeeren 144
Erdnüsse 42, 58-60, 136, 137, 143, 160, 179, 191
Fisch 59, 95-100, 124, 126, 132, 138
Fruta-pão 42
Gezuckerte Kondensmilch 53, 141, 145, 159,
160, 163-165, 171, 176, 178, 180, 191-194
Goiaba 43
Guaven 43, 145, 146
Gurken 125-127
Hackfleisch 83, 84, 184
Hortelã 49
Huhn 61, 74, 77, 89-92, 136, 184, 187
Jaca 43
Jackfruit-Baum 43
Kabeljau 52, 97, 99
Käse 105, 113, 117, 125, 149, 180, 183, 185-187
Kaffee 50, 187, 196
Kakao 50, 160, 163, 171, 175, 176, 178, 192, 195
Kartoffeln 65, 67, 71, 72, 78, 79, 83, 96, 98, 100,
103-105, 113, 124, 126, 186
Kasseler 65
Kichererbsen 126
Kiwi 144
Klippfisch 52, 96, 126, 138, 186
Kochbananen 65, 67, 148, 150
Kohlrabi 67, 71, 83, 113, 124
Kokosflocken 142, 144, 150, 151, 160, 164, 170,
178, 180
Kokosmilch 58, 59, 95-98, 104-106, 114, 119,
135, 142-145, 152, 155, 156, 160, 170, 180, 191
Kokosnuß 43, 144, 150, 151
Kopfsalat 73, 117, 123-125
Koriander 49
Krabben 53, 58-60, 73, 95-97, 99, 103-106, 109,
114, 120, 124, 136, 184, 187
Kürbis 65, 67, 71, 72, 113
Kuskus 143, 144
Lammfleisch 77
Leite Condensado 53

Limão *45*
Limone *45*, 109, 191, 192, 195
Lingüiça *53*, 57, 61, 65, 67
Linsen 113
Löffelbiskuits 144, 163-165, 176
Mais 67, 80, 83, 91, 103, 104, 113, 118, 125, 132,
    136, 137, 160, 180, 183
Malaguetta-Pfeffer *49*, 109, 110
Mamão *45*
Mandioca *47*
Manga *45*
Mango *45*, 144, 177
Maniok *47*, 65, 67, 80, 120, 131, 132
Maracujá *46*, 191, 193, 195
Maxixe 67
Möhren 65, 67, 71, 73, 83, 113, 115, 117, 124,
    126, 127, 136, 180
Nudeln 72
Nüsse 60, 144
Okraschoten *48*, 59, 65, 67, 113
Orangen 57, 64, 82, 144, 195
Palmenherzen 92, 100, 103, 104, 116, 123, 124,
    138, 184
Palmöl *53*, 58-60, 98, 105, 109, 119, 120, 131,
    136
Papaya *45*, 144
Paranüsse *46*, 164, 178, 179
Passionsfrucht *46*, 193
Pfefferminze *49*, 61, 74, 77, 127, 184, 194
Pfirsiche 144, 164
Pilze 137
Pimenta Malagueta *49*
Porree 83, 103, 104, 113
Poularde 77, 90, 91
Pute 64, 65
Quiabo *48*
Reis 71, 72, 74, 135-138, 142
Rindfleisch 61, 62, 65, 67, 77, 79-82
Rippchen 57
Rotbarsch 97, 99
Rumpsteak 78
Sardinen 59, 100
Schinken 71, 79, 80, 82, 113, 125, 136, 185, 187

Schokolade 142, 171, 191
Schwarzwurzeln 67
Schweinefleisch 57, 61, 67, 77, 85
Seehecht 99
Silberzwiebeln 117
Spaghetti 106
Speck 57, 64, 67, 71, 82, 85, 120, 187
Spinat 60, 67, 72, 118
Süßkartoffeln 67
Suppenfleisch 57, 67, 78
Tapioka-Mehl 144, 155, 175
Tomaten 72-74, 84, 92, 96-98, 100, 103-106, 109,
    113, 114, 116, 123-127, 135, 136, 138, 187
Trockenfleisch *52*
Trockenpflaumen 64, 85, 89, 146, 159, 165, 170,
    187
Walnüsse 137
Weintrauben 144, 171
Weißkohl 65, 67, 71, 113, 114, 127
Weizengrütze 127, 184
Wirsing 67
Zucchini 113
Zunge 57, 65

Glossar

Abacate	Avocado
Abacaxi	Ananas
Abará	afrobrasilianisches Gericht aus gekochten Fradinho-Bohnen und Palmöl
Abóbora	Kürbisart
Açai	Palme im Amazonas-Gebiet; Getränk aus der Açai-Frucht
Acarajé	afro-bahianisches Gericht
Água de Coco	trinkbares Wasser der Kokosnuß, nicht mit Kokosmilch zu verwechseln
Alpim	Maniokwurzel-Art
Alho	Knoblauch
Amassador	Holzmörser
Ambrosia	Süßspeise auf der Grundlage von Milch
Amendoim	Erdnuß
Arroz	Reis
Azeite de Dendê	Palmöl
Babaçu	Palme im Norden und Nordosten Brasiliens
Baiano	Bewohner von Bahia
Banana da Terra	Kochbanane
Bananada	feste, gezuckerte Paste aus Bananen
Bandeirante	Pionier der Kolonialzeit
Batida	Getränk aus Zuckerrohrschnaps, Saft und Zucker
Buriti	Palme im Norden und Nordosten Brasiliens
Caboclo	Mischling aus Indianer und Weißem
Cachaça	Zuckerrohrschnaps
Cafezinho	»kleiner Kaffee«, Kaffee in Mokkatäßchen
Caipirinha	Getränk aus Zuckerrohrschnaps, Limonen und Zucker
Cajá	Frucht aus dem brasilianischen Nordosten
Caju	Cashew
Cajuína	alkoholarmer Wein aus der Caju-Frucht
Camarão	Krabbe
Candomblé	religiöse Feier afrikanischen Ursprungs
Canja	Hühnersuppe
Canjica	Maispudding-Art
Carambola	brasilianische Frucht
Carimã	Masse aus vergorenem Maniok zur Herstellung von Kuchen, Brei etc.
Carioca	Bewohner Rio de Janeiros
Carne	Fleisch
Carne seca	Trockenfleisch

Caruru	afrobrasilianisches Gericht
Castanha do Pará	Paranuß
Cauim	indianischer Maiswein
Ceia baiana	bahianisches Abendessen mit vielseitigen Gerichten indianischen und afrikanischen Ursprungs
Charque	Trockenfleisch, Dörrfleisch
Charqueada	Herstellung von Trockenfleisch
Cheiro verde	»grüner Duft«, Kräuterbund aus Petersilie, Schnittlauch, Koriander und grüner Minze
Chuchu	Chayote
Churrascaria	Restaurant, in dem Churrasco angeboten wird
Churrasco	Spießbraten
Cocada	Süßspeise aus Kokosnuß
Coco	Kokosnuß
Coentro	Koriander
Colônia	Siedlung
Comida de Azeite	afrobrasilianisches Gericht, bei dem Palmöl verwendet wird
Cominho	Kreuzkümmel
Compota	gezuckertes und im eigenen Saft konserviertes Obst
Couve mineira	grüner Kohl, nicht mit Grünkohl zu verwechseln
Cozido	»gekocht«, Eintopf mit Fleisch und Gemüsen
Creme de Leite	Sahne-Art
Cuscuz	arabisches Gericht mit unterschiedlichen Varianten in Brasilien
Cuscuzeira	Gefäß zur Herstellung von Kuskus
Cuxá	püriertes Vinagreira-Gemüse
Dendê	Palmöl aus dem Norden und Nordosten Brasiliens
Doce	Süßspeise
Docinho	kleines süßes Häppchen
Efó	afro-bahianisches Gericht
Empada	kleine Pastete, mit Krabben oder Hühnerfleisch gefüllt
Esfiha	arabische Fleischpastete
Estância	Rinderfarm in Rio Grande do Sul
Farinha	Maniokmehl
Farofa	Maniokmehl, gebraten mit Butter, Eiern, Bananen und anderem
Fazenda	Farm
Feijão	Bohne, nicht mit grüner Bohne zu verwechseln
Feijão pagão	in Salzwasser gekochte Bohnen
Feijoada	brasilianisches »Nationalgericht« aus Bohnen und Fleisch
Fradinho-Bohnen	kleine Bohnen, dienen als Grundlage für Acarajé
Frigideira	in Bahia: Fritada
Fritada	Gericht aus Fleisch, Krabben oder Gemüse mit geschlagenen Eiern, im Ofen gebacken
Gaúcho	Bewohner von Rio Grande do Sul

Goiaba	Guave
Goiabada	Guaven-Marmelade; feste, gezuckerte Paste aus Guaven
Goiano	Bewohner von Goiás
Graviola	Frucht aus dem brasilianischen Nordosten
Guaraná	Baum im Amazonasgebiet; Erfrischungsgetränk aus Guaraná-Pulver
Inhame	Yamswurzel
Jabuticaba	brasilianische Frucht
Jaçanã	langbeiniger brasilianischer Vogel
Jambu	scharfes, säuerlich schmeckendes Kraut aus dem brasilianischen Nordosten
Jangada	Floß aus fünf Stämmen und einem Segel
Jenipapo	brasilianische Frucht
Jurará	kleine Schildkrötenart aus dem brasilianischen Nordosten
Jurubeba amarga	Pflanze aus dem brasilianischen Nordosten
Laranja	Orange
Leite de Coco	aus gepreßten, frischen Kokosraspeln gewonnene Kokosmilch, nicht mit Água de Coco zu verwechseln, einer wasserähnlichen Flüssigkeit der Kokosnuß
Lima	brasilianische Frucht
Limão	Limone
Lingüiça	fette Wurst aus Schweinefleisch
Macaxeira	Maniokart
Macarrão	Spaghetti, Teigwaren
Macarronada	Spaghettigericht
Mamão	Papaya
Mandioca	Maniokwurzel
Mangaba	Frucht aus dem brasilianischen Nordosten
Manipuera	aus der geriebenen Maniokwurzel gewonnene Flüssigkeit, dient im Amazonasgebiet als Grundlage für eine Sauce
Maracujá	Passionsfrucht
Maranhense	Bewohner von Maranhão
Marmelada	keine Marmelade, sondern eine feste, gezuckerte Paste aus Quitten, die in portugiesisch »marmelo« heißen
Mascate	Händler
Maxixe	Gemüseart
Milho verde	frischer Mais
Mineiro	Bewohner von Minas Gerais
Mingau	dünnflüssiger, süßer Brei
Molho	Sauce
Molho de pimenta	scharfe Malaguetta-Pfeffersauce
Moqueca	Gericht indianischen Ursprungs, von Afrikanern in Brasilien übernommen

Moquém	Bratrost der Indianer
Mucuri	brasilianischer Baum
Mungunzá	afrobrasilianisches Gericht aus weißem Mais und Kokosmilch
Murici	brasilianischer Baum
Orixá	afrikanische Gottheit
Paca	brasilianisches Säugetier
Paçoca	Gericht aus Maniokmehl und gebratenem Fleisch
Palmito	Palmenherz
Pamonha	bahianisches Maisgericht indianischen Ursprungs
Pavê	halbgefrorener Nachtisch
Peixada	Fischgericht
Peixe	Fisch
Pequi	Pflanzen aus dem brasilianischen Nordosten
Pimenta	Pfefferschote
Pinha	brasilianische Frucht
Pirão	Brei aus Maniok- oder Maismehl und heißer Brühe oder Milch
Pirarucu	brasilianischer Süßwasserfisch
Pitanga	brasilianische Wildfrucht
Polvilho	Nebenprodukt der Maniokherstellung
Poraquê	brasilianischer Süßwasserfisch
Queijadinha	bahianische Süßspeise
Quiabo	Okraschote
Quibe	arabische Pastete, mit Weizen vorbereitet
Quindim	bahianischer Nachtisch
Quitanda	Wort der afrikanischen Quibundo-Sprache, das »Gemüse- oder Obstladen« bedeutet, in Minas Gerais und Goiás aber die Beilagen zum Kaffee meint
Recôncavo	Zuckerrohranbaugebiet um die Allerheiligenbucht Bahia de Todos os Santos in Bahia
Salgadinho	Salzgebäck
Salmora	Salzlake
Sorvete	Eis; Sorbet
Suã	in Maranhão: Schweinelende
Surubim	brasilianischer Süßwasserfisch
Tabuleiro	Tablett
Tabuleiro da Baiana	»Tablett der Bahianerin«, zum Straßenverkauf
Tacacá	Brühe aus Pfefferschoten und Krabben
Taioba	brasilianisches Blattgemüse
Tempero	Gewürz
Tucunaré	brasilianischer Süßwasserfisch
Tucupi	Brühe aus Maniok
Umbu	Frucht aus dem brasilianischen Nordosten
Vagem	grüne Bohne

Vatapá	afrobrasilianisches Gericht
Vinagreira	in Maranhão: säuerlich schmeckendes Gemüse
Vinha d'alho	Marinade auf der Grundlage von Wein oder Weinessig und Knoblauch
Vinho	Wein
Virado	Gericht aus Maniok- bzw. Maismehl, Bohnen und Speck
Vitamina	Mixgetränk aus Milch und Früchten
Xinxim	afro-bahianisches Hühnergericht
Yemanjá	Meeresgöttin

Spezialitäten aus **Brasilien**

Alle Zutaten für die **brasilianische Küche** Schwarze Bohnen, Maniokmehl, Palmöl (Azeite de Dendê), Canjica (Weißer Mais), Polvilho, etc.., Cachaça (für Caipirinha), brasilianische Erfrischungsgetränke (z.B. Guaraná Brahma oder Antárctica), Mate-Tee, typische Süßigkeiten, Dekorationsmaterial, T-Shirts, Fahnen, Aufkleber

und vieles mehr...

Originalprodukte aus Lateinamerika.
Preisgünstig und zuverlässig – seit 1984:

Walter Vassel
Import + Versand
Postfach 1249
D-63305 Rödermark
TEL: 06074 - 93222
FAX: 06074 - 95807
E-mail: WVassel@t-online.de

Versand in ganz Deutschland
Bitte fordern Sie unsere
Preis- und Produkteliste an

In der Reihe Gerichte und ihre Geschichte
erschienen in gleicher Ausstattung:

Magdi und Christine Gohary · Brahim Lagunaoui
◆ Arabisch kochen
ISBN 3-89533-214-3 · DM 34,–

Márcia Zoladz
◆ Portugiesisch kochen
ISBN 3-89533-212-7 · DM 30,–

Jojo Cobbinah, Holger Ehling
◆ Westafrikanisch kochen
ISBN 3-89533-215-1 · DM 30,–

Die Reihe wird fortgesetzt. Bitte fordern Sie
unseren aktuellen Katalog an:

Verlag Die Werkstatt
Lotzestraße 24a
D-37083 Göttingen

Die Erstausgabe von »Brasilianisch kochen« (ISBN
3-905482-15-0) erschien 1985, die dritte, veränderte Auflage (ISBN 3-905482-64-9) 1990 und
die vierte, veränderte Auflage (ISBN 3-86034-129-
4) 1993 in der Edition diá, Berlin. Für die vorliegende Ausgabe (ISBN 3-89533-213-5) wurde der
Band vollständig überarbeitet.